공부 잘하는 아이, 독서 잘하는 아이로 키우려면
어휘력 먼저 키워 주어야 합니다!

공부 잘하고 책 잘 읽는 똑똑한 아이들에게는 공통점이 있습니다. 바로 그 아이들이 알고 있는 단어가 많다는 것입니다. 어휘력이 좋아서 책을 잘 읽는 것은 이해가 되는데, 어휘력이 좋아야 공부도 잘한다는 것은 설명이 좀 필요할 것 같습니다. 다음 말을 읽고 곰곰이 한번 생각해 보세요.

"사람은 자신이 아는 단어의 수만큼 생각하고 표현한다."
"하나의 단어를 아는 것은 그 단어를 둘러싸고 있는 세상을 아는 것이다."

이 말에 동의한다면 왜 어휘력이 좋아야 공부를 잘하는지 알 수 있을 것입니다. 공부는 세상을 이해하고 자신을 표현하는 일련의 과정이기 때문에, 어휘력을 키우면 세상을 이해하는 능력과 사고력이 자라서 공부를 잘하는 바탕이 마련됩니다.

예를 들어 볼까요? 두 아이가 있습니다. 한 아이는 '알리다'라는 낱말만 알고, 다른 아이는 '알리다' 외에 '안내하다', '보도하다', '선포하다', '폭로하다'라는 낱말도 알고 있습니다. 첫 번째 아이는 어떤 상황이든 '알리다'라고 뭉뚱그려 생각하고 표현합니다. 하지만 두 번째 아이는 길을 알려 줄 때는 '안내하다'라는 말을, 신문이나 TV에서 알려 줄 때는 '보도하다'라는 말을, 세상에 널리 알릴 때는 '선포하다'라는 말을 씁니다. 또 남이 피해를 입을 줄 알면서 알릴 때는 '폭로하다'라고 구분해서 말하겠지요. 이렇듯 낱말을 많이 알면, 보다 정확하게 이해하고 정교하게 표현할 수 있습니다.

〈세 마리 토끼 잡는 초등 어휘〉는 아이들의 어휘력을 키워 주려고 탄생했습니다. 아이들이 낱말을 재미있고 효율적으로 배울 뿐 아니라, 낯선 낱말을 만나도 그 뜻을 유추해 내도록 이끄는 것이 〈세 마리 토끼 잡는 초등 어휘〉의 목표입니다. 공부 잘하는 아이, 독서 잘하는 아이로 키우고 싶다면, 이 글을 읽는 순간 이미 목적지에 한 발 다가선 것입니다. 〈세 마리 토끼 잡는 초등 어휘〉가 공부 잘하는 아이, 독서 잘하는 아이로 책임지고 키워 드리겠습니다.

세마리 토끼 잡는 초등 어휘 는 어떤 책인가요?

1 한자어, 고유어, 영단어 세 마리 토끼를 잡아 어휘력을 통합적으로 키워 주는 책

〈세 마리 토끼 잡는 초등 어휘〉는 한자어와 고유어, 영단어 실력을 단단하게 만들어 주는 책입니다. 낱말 공부가 지루한 건, 낱말과 뜻을 1:1로 외우기 때문입니다. 이렇게 공부하면 낯선 낱말을 만났을 때 속뜻을 헤아리지 못해 낭패를 보지요. 〈세 마리 토끼 잡는 초등 어휘〉는 속뜻을 이해하면서 한자어를 공부하고, 이와 관련 있는 고유 어와 영단어를 연결해서 공부하도록 이루어져 있습니다. 흩어져 있는 글자와 낱말들을 연결하면 보다 재미있게 공부하고 오래 기억할 수 있습니다.

2 한자가 아니라 '한자 활용 능력'을 키워 주는 책

많은 아이들이 '날 생(生)' 자는 알아도 '생명', '생계', '생산'의 뜻은 똑 부러지게 말하지 못합니다. 한자와 한자어를 따로따로 공부하기 때문이지요. 〈세 마리 토끼 잡는 초등 어휘〉는 한자를 중심으로 다양한 한자어를 공부하도록 구성하여 한자를 통해 낯설고 어려운 낱말의 속뜻도 짐작할 수 있는 '한자 활용 능력'을 키워 줍니다.

3 교과 지식과 독서·논술 실력을 키워 주는 책

〈세 마리 토끼 잡는 초등 어휘〉는 추상적인 낱말과 개념어를 잡아 주는 책입니다. 고학년이 되면 '사고방식', '민주주의' 같은 추상적인 낱말과 개념어를 자주 듣게 됩니다. 이런 어려운 낱말은 아이들의 책 읽기를 방해하고 공부에 대한 흥미를 잃게 하지요. 하지만 〈세 마리 토끼 잡는 초등 어휘〉로 공부하면 낱말과 지식을 함께 익힐 수 있어서, 교과 공부는 물론이고 독서와 논술을 위한 기초 체력도 기를 수 있습니다.

3

세마리 **토**끼 잡는 초등 **어휘** 는 어떻게 이루어져 있나요?

1 전체 구성

〈세 마리 토끼 잡는 초등 어휘〉는 다섯 단계(총 18권)로 이루어져 있습니다.

단계	P단계	A단계	B단계	C단계	D단계
대상 학년	유아~초등 1년	초등 1~2년	초등 2~3년	초등 3~4년	초등 5~6년
권 수	3권	4권	4권	4권	3권

2 권 구성

〈세 마리 토끼 잡는 초등 어휘〉한 권은 내용에 따라 PART1, PART2, PART3으로 나누어져 있습니다.

PART1 핵심 한자로 배우는 기본 어휘(2주 분량)

10개의 핵심 한자를 중심으로 한자어와 고유어, 영단어를 익히는 곳입니다. 한자는 단계에 맞는 급수와 아이들이 자주 듣는 낱말이나 교과 연계성을 고려해 선별하였습니다. 한자와 낱말은 한눈에 들어오게 어휘망으로 구성하였고, 다양한 활동을 통해 낱말의 뜻을 익힐 수 있게 꾸렸습니다. 또한 교과 관련 낱말을 별도로 구성해서 교과 지식도 함께 쌓을 수 있습니다.

단계별 구성(P단계에서 D단계로 갈수록 핵심 한자와 낱말의 난이도가 높아지고, 낱말 수도 많아집니다.)

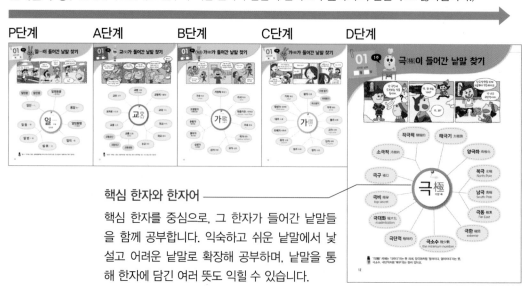

핵심 한자와 한자어 ———

핵심 한자를 중심으로, 그 한자가 들어간 낱말들을 함께 공부합니다. 익숙하고 쉬운 낱말에서 낯설고 어려운 낱말로 확장해 공부하며, 낱말을 통해 한자에 담긴 여러 뜻도 익힐 수 있습니다.

PART 2 뜻을 비교하며 배우는 관계 어휘 (1주 분량)

관계가 있는 여러 낱말들을 연결해서 공부하는 곳입니다. '輕(가벼울 경)', '重(무거울 중)' 같은 상대되는 한자나, '동물', '종교' 등 하나의 주제를 중심으로 관련 있는 낱말들을 모아서 익힐 수 있습니다.

상대어로 배우는 한자어

상대되는 한자를 중심으로 상대어들을 함께 묶어 공부합니다. 상대어를 통해 어휘 감각과 논리력을 키울 수 있습니다.

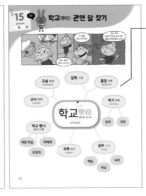

주제로 배우는 한자어

음식, 교통, 방송, 학교 등 하나의 주제와 관련 있는 낱말을 모아서 공부합니다.

PART 3 소리를 비교하며 배우는 확장 어휘 (1주 분량)

소리가 같거나 비슷해서 헷갈리는 낱말이나, 낱말 앞뒤에 붙는 접두사·접미사를 익히는 곳입니다. 비슷한말을 비교하면서 우리말을 좀 더 바르게 쓸 수 있습니다.

헷갈리는 말 살피기

'가르치다/가리키다', '～던지/～든지'처럼 헷갈리는 말이나 흉내 내는 말을 모아 뜻과 쓰임을 비교합니다.

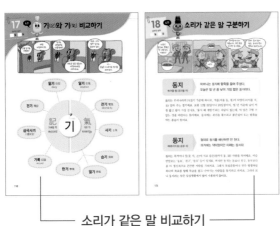

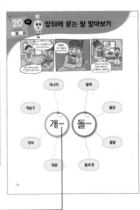

소리가 같은 말 비교하기

소리가 같은 한자를 중심으로, 소리는 같지만 뜻이 다른 동음이의어를 공부합니다.

접두사·접미사

'～장이/～쟁이'처럼 낱말 앞뒤에 붙어 새로운 뜻을 더하는 접두사·접미사를 배웁니다.

세 마리 토끼 잡는 초등 어휘 1일 학습은 **어떻게** 짜여 있나요?

어휘망

어휘망은 핵심 한자나 글자, 주제를 중심으로 쓰임이 많은 낱말을 모아 놓은 마인드맵입니다. 한자의 훈음과 관련 낱말들을 익히면, 한자를 이용해 낱말들의 속뜻을 짐작할 수 있습니다.

먼저 확인해 보기

미로 찾기, 십자말풀이, 색칠하기 등 다양한 활동을 하며 낱말의 뜻을 정확히 알고 있는지 확인할 수 있습니다.

익숙한 말 살피기

낱말을 아이들 눈높이에 맞춰 한자로 풀어 설명합니다. 한자와 뜻을 연결해 공부하면서 한자를 이용한 속뜻 짐작 능력을 키울 수 있습니다.

교과서 말 살피기

교과 내용을 낱말 중심으로 되짚어 봅니다. 확장된 지식과 낱말 상식 등을 함께 공부할 수 있습니다.

특별 구성

★ '주제로 배우는 한자어'는 동물, 학교, 수 등 주제를 중심으로 관련 어휘를 확장해서 공부합니다.

속뜻 짐작 능력 테스트

앞에서 배운 내용을 잘 이해했는지 확인하고, 핵심 한자를
활용해 낯설거나 어려운 낱말의 뜻을 스스로 짐작해 봅니다.

어휘망 넓히기

관련 있는 영단어와 새말 등을
확장해서 공부할 수 있습니다.
QR 코드를 찍으면 영어 발음을
듣고 배울 수 있습니다.

재미있는 우리말 유래 / 이야기

재미있는 우리말 유래/이야기

한 주 학습을 마치면, 우리말 유래나 우리
말에 얽힌 이야기를 소개하는 재미있는 만
화가 기다리고 있습니다.

★ '헷갈리는 말 살피기'는 소리가 비슷한 낱말들을 비교할 수 있게 구성하였습니다.

세 마리 토끼 잡는 초등 어휘 이렇게 공부해요

1 매일매일 꾸준히 공부해요

〈세 마리 토끼 잡는 초등 어휘〉는 매일 6쪽씩 꾸준히 공부하는 책이에요. 재미있는 활동과 만화가 있어서 지루하지 않게 공부할 수 있지요. 공부가 끝나면 '○주 ○일 학습 끝!' 붙임 딱지를 붙이고, QR 코드를 이용해 영어 발음도 들어 보세요.

2 또 다른 낱말도 찾아보아요

하루 공부를 마치고 나면, 인터넷 사전에서 그날의 한자가 들어간 다른 낱말들을 찾아보세요. 아마 '어머, 이 한자가 이 낱말에 들어가?', '이 낱말이 이런 뜻이었구나.'라고 깨달으며 새로운 즐거움에 빠질 거예요. 새로 알게 된 낱말들로 나만의 어휘망을 만들면 더욱 도움이 될 거예요.

3 보고 또 봐요

〈세 마리 토끼 잡는 초등 어휘〉는 PART1에 나온 한자가 PART2나 PART3에도 등장해요. 보고 또 보아야 기억이 나고, 비교하고 또 비교해야 정확히 알 수 있기 때문이지요. 책을 다 본 뒤에도 심심할 때 꺼내 보며 낱말들을 내 것으로 만들어 보세요.

한 주 학습표	월	화	수	목	금	토
	매일 6쪽씩 학습하고, '○주 ○일 학습 끝!' 붙임 딱지 붙이기					주요 내용 복습하기

세 마리 토끼 잡는 초등 어휘

초등

B단계 1권

주	일차	단계			공부할 내용	교과 연계 내용
1주	1	PART1 (기본 어휘)			가(歌)	[사회 4-1] 지역을 대표하는 무형 문화재 알아보기
	2				어(語)	[국어 3-1] 낱말을 분류하고 유래 알기
	3				비(非)	[과학 4-2] 다양한 동물들의 생활 모습 알아보기
	4				주(注)	[안전한 생활 2] 일기 예보에 따른 안전한 생활 알아보기
	5				안(安)	[사회 3-1] 우리 마을 모습 알고 그려 보기
2주	6				지(紙)	[사회 3-1] 통신 수단에 따른 생활의 변화 알아보기
	7				평(平)	[사회 3-2] 우리나라의 강과 평야에 대해 알아보기
	8				활(活)	[사회 3-1] 우리 고장의 문화유산 알아보기
	9				석(石)	[사회 3-2] 옛날의 생활 도구 알아보기
	10				산(算)	[사회 3-2] 생활 도구의 변화 알아보기
3주	11	PART2 (관계 어휘)	상대어		개폐(開閉)	[사회 4-2] 세계화와 문화의 다양성 알아보기
	12				선악(善惡)	[안전한 생활 2] 기후에 따른 대처 방법 알아보기
	13				적청흑백(赤靑黑白)	[사회 3-1] 우리 고장의 문화유산 알아보기
	14		주제어		색(色)	[미술 2] 색의 특징을 알아보고 생활에 적용해 보기
	15				지형(地形)	[사회 3-2] 우리 고장의 지리적 특성과 생활 모습 알아보기
4주	16	PART3 (확장 어휘)	동음이의 한자		지(地/紙/止)	[사회 3-2] 옛날의 풍속 알아보기
	17				형(型/刑/兄)	[과학 5-2] 우리 몸의 구조와 기능 알아보기
	18		소리가 같은 말		동지(冬至)/동지(同志) 부자(父子)/부자(富者) 동시(同時)/동시(童詩) 사과(沙果)/사과(謝過)	[국어 2-2] 바른 말 사용하기 [국어 3-1] 낱말의 뜻 정확히 알고 사용하기
	19		헷갈리는 말		부딪치다/부딪히다 반드시/반듯이 너비/넓이	[국어 2-1] 소리가 비슷해서 헷갈릴 수 있는 말 알기 [국어 2-2] 바른 말 사용하기
	20		접두사/ 접미사		새~/시~	[국어 2-1] 낱말을 바르고 정확하게 쓰기

contents

자, 준비됐니?
토야와 같이
출발~!

PART 1

PART1에서는 핵심 한자를 중심으로
우리말과 영어 단어, 교과 관련 낱말 들을 공부해요.

가(歌)가 들어간 낱말 찾기

가창력 歌唱力

가수 歌手 singer

가사 歌詞 lyrics

고성방가 高聲放歌

대중가요 大衆歌謠 popular music(Pop)

춘향가 春香歌

가歌 노래 가

가곡 歌曲

흥부가 興夫歌

국가 國歌 national anthem

심청가 沈淸歌

군가 軍歌

교가 校歌

1 다음 설명에 어울리는 낱말을 찾아 선으로 연결해 보세요.

설명		낱말
학교를 상징하는 노래예요.		군가
거리에서 큰 소리를 지르거나 노래를 부르는 것을 뜻해요.		교가
나라를 상징하는 노래예요. 올림픽에서 금메달을 따면 울려 퍼져요.		국가
군인들의 사기를 높이고 마음을 모으기 위해 부르는 노래예요.		가수
노래를 부르는 능력을 뜻해요.		고성방가
노래 부르는 것을 직업으로 삼은 사람이에요.		가사
시처럼 아름다운 노랫말에 곡을 붙여 만든 노래예요.		가곡
노래의 내용으로 '노랫말'을 뜻해요.		가창력

가수
歌(노래 가) 手(손 수)

노래(노래 가, 歌)를 부르는 일이 직업인 사람을 **가수**라고 해요. '손 수(手)' 자는 어떤 일을 하는 사람을 뜻하지요. 가수 중에서도 많은 사람들이 좋아하면 '인기 가수', 모든 국민이 좋아할 만큼 인기가 많으면 '국민 가수'라고 해요.

가창력
歌(노래 가) 唱(부를 창)
力(힘 력/역)

노래를 부르는(부를 창, 唱) 것을 '가창'이라고 해요. 여기에 '힘 력/역(力)' 자를 붙이면 노래를 부르는 능력인 **가창력**이 되지요. 남의 노래를 흉내 내어 부르는 것은 '법/본뜰 모(模)' 자를 써서 '모창'이라고 해요.

가사
歌(노래 가) 詞(말 사)

가사는 노래로 불릴 것을 생각하고 쓴 글(말 사, 詞)로, 고유어로 '노랫말'이라고 해요. 악보를 보면 작곡가, 작사가가 있는데, 그중 작사가가 바로 가사를 쓴 사람이에요.

대중가요
大(큰 대) 衆(무리 중)
歌(노래 가) 謠(노래 요)

많은 사람들이 즐겨 부르는 노래를 **대중가요**라고 해요. 그래서 '큰 대(大)' 자에 '무리 중(衆)' 자를 쓰지요. 대중가요는 '가요' 또는 '유행가'라고도 해요.

가곡
歌(노래 가) 曲(굽을 곡)

시에 곡을 붙여 만든 노래가 있어요. 바로 **가곡**이에요. 가곡은 노래라는 뜻이 있는 '굽을 곡(曲)' 자를 붙여 만들어진 낱말인데, 주로 피아노 반주에만 맞춰 불러요.

국가 / 교가
國(나라 국) 歌(노래 가) 校(학교 교)

노래 중에는 어떤 집단을 나타내는 곡들이 있어요. 우리나라의 애국가처럼 한 나라(나라 국, 國)를 상징하는 노래를 **국가**, 한 학교(학교 교, 校)를 상징하는 노래를 **교가**라고 해요. 또한 군인들이(군사 군, 軍)의 사기를 높이고 힘을 북돋우기 위해 부르는 노래를 '군가'라고 해요.

심청가 / 흥부가
沈(성씨 심) 淸(맑을 청) 歌(노래 가)
興(일어날 흥) 夫(남편 부)

소리꾼이 북장단에 맞춰 이야기를 노래로 부르는 우리나라 전통 음악을 '판소리'라고 해요. 효녀 심청의 이야기를 담은 **심청가**, 가난한 흥부 이야기를 담은 **흥부가**, 남녀의 사랑 이야기인 '춘향가' 등이 대표적인 판소리예요.

고성방가
高(높을 고) 聲(소리 성)
放(놓을 방) 歌(노래 가)

고성방가는 거리에서 시끄럽게 노래를 부르거나 크게 소리 지르는 것을 뜻해요. 여기서 '놓을 방(放)' 자는 '팽개치다'의 의미로 쓰였어요.

우리의 소리, 판소리

판소리는 북장단에 맞춰 부르는 우리나라 고유의 노래예요. 그런데 가만히 들어 보면 노래 속에 재미있는 이야기가 담겨 있어요. 오래전부터 입에서 입으로 전해지던 이야기들을 소리에 담아 만든 것이 '판소리'거든요. '춘향전'이나 '심청전', '흥부전' 같은 이야기가 바로 판소리의 줄거리예요. 판소리는 원래 열두 마당이 있었는데, 지금은 심청가, 춘향가, 흥부가, 수궁가, 적벽가 다섯 마당만 불리고 있어요.

〈판소리의 구성〉

판소리는 '소리'와 '아니리', '발림'의 세 가지로 이루어져 있어요. '소리'는 노래를 부르는 것이고, '아니리'는 판소리에서 소리꾼이 장단 없이 말로 내용을 풀어 가는 부분이에요. '발림'은 소리꾼의 몸짓이나 표정, 또는 부채로 극적인 상황을 실감 나게 그려 내는 동작이고요. 판소리 중에 구경꾼이나 북을 치는 고수가 '얼쑤~.'나 '좋다!'처럼 흥을 돋우는 소리는 '추임새'라고 해요.

'판을 벌이다'라는 말을 들어 봤나요? 여기서 '판'은 '어떤 일이 일어나는 자리'를 뜻해요. 판소리는 이 '판'과 '소리'가 합쳐진 말로, 넓은 놀이판에 소리꾼과 구경꾼이 하나가 되어 부르는 노래라는 의미예요.

1 빈칸에 들어갈 알맞은 낱말을 선으로 연결해 보세요.

그는 노래를 부르는 능력인
☐이/가 뛰어나다. •

난 커서 노래를 부르는 일이
직업인 ☐이/가 될 거야. •

최근 우리나라의 ☐이/가
세계에서 큰 인기를 얻고 있어요. •

• 가수

• 가창력

• 대중가요

2 그림을 잘 보고, 알맞은 글자를 보기 에서 찾아 빈칸에 써 보세요.

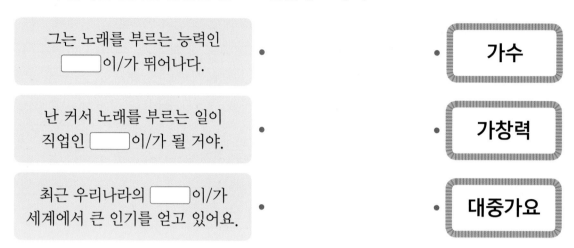

'노랫말'이라고도 함.

시에 곡을 붙여 만든 노래

거리에서 큰 소리를 지르거나
노래를 부름.

가 ☐ | ☐ 곡 | ☐ 성 ☐ 가

보기   고   가   도   수   요   방   사

3 속뜻 짐작 ( ) 안에서 문장에 어울리는 낱말을 찾아 ○ 하세요.

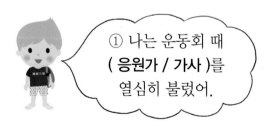

① 나는 운동회 때
(응원가 / 가사)를
열심히 불렀어.

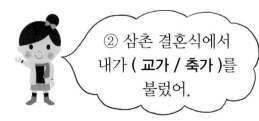

② 삼촌 결혼식에서
내가 (교가 / 축가)를
불렀어.

축하한다는
뜻으로 부르는
노래는 뭘까?

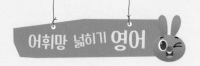

사람의 목소리로 노래를 부르는 음악을 '성악'이라고 해요.
성악은 목소리의 높고 낮음에 따라 여러 부분으로 나눠죠. 영어로 한번 알아볼까요?

여자

soprano

가장 높은 여자 목소리, 또는 그 목소리로 노래 부르는 가수를 soprano(소프라노)라고 해요. soprano는 이탈리아어로 '위'를 뜻하는 sopra(소프라)에서 왔어요.

mezzo soprano

mezzo soprano(메조 소프라노)는 낮은 소프라노를 뜻해요. 소프라노와 알토의 중간음이지요. mezzo는 이탈리아 말로 '중간의'라는 뜻이에요.

남자

tenor

tenor(테너)는 남자가 높은 목소리로 부르는 성악, 또는 성악가를 가리켜요. 듣기도 편하고 부르기도 수월해서 남자가 부르는 성악곡 중에는 테너곡이 많지요.

baritone

baritone(바리톤)은 남성의 목소리 중 테너와 베이스의 중간에 속해요. 테너의 화려함과 베이스의 중후함을 모두 가졌어요.

1주 1일
학습 끝!

붙임 딱지 붙여요.

alto

alto(알토)는 성악에서 가장 낮은 여자 목소리, 또는 그 목소리로 노래 부르는 가수예요. 희한하게도, '높다'라는 뜻의 라틴어인 altus에서 왔어요.

bass

성악에서 주로 굵고 낮은 남자 목소리, 또는 그 목소리로 노래 부르는 성악가를 bass(베이스)라고 해요. bass는 '낮다'라는 뜻의 라틴어 bassus에서 왔어요.

QR 찍고 발음 듣기

공부한 날짜 ☐월 ☐일

1 우주 비행사가 지구로 돌아오려고 해요. '말'과 관련이 있는 낱말을 따라가면 지구로 가는 길을 찾을 수 있어요.

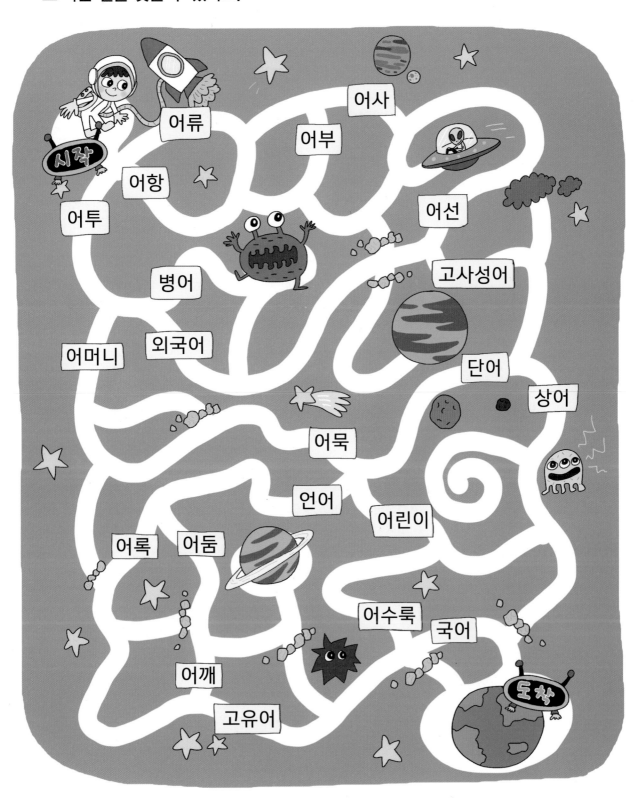

언어
言(말씀 언) 語(말씀 어)

우리의 생각을 표현하고 전하는 데 쓰는 말이나 글을 '말씀 언(言)' 자를 써서 **언어**라고 해요. 듣기, 말하기, 읽기, 쓰기처럼 언어를 쓰는 생활을 '언어생활'이라고 하지요.

국어
國(나라 국) 語(말씀 어)

한 나라(나라 국, 國)의 국민이 쓰는 말을 **국어**라고 해요. 또는 우리나라 말을 배우는 과목도 국어라고 하지요. 우리나라의 국어는 '한국어'이고, 미국 사람들의 국어는 '영어'예요.

한자어 / 외래어
漢(한수 한) 字(글자 자)
語(말씀 어) 外(바깥 외) 來(올 래/내)

한자어는 중국에서 만들어진 한자로 된 낱말을 의미해요. **외래어**는 다른 나라(바깥 외, 外)에서 들어왔지만(올 래/내, 來) 우리말처럼 쓰이는 낱말이고, '고유어'는 본래부터 우리말에 있던 낱말이나 그것을 바탕으로 새로 만든 낱말이에요.

외국어
外(바깥 외) 國(나라 국)
語(말씀 어)

'땡큐', '아리가토-고자이마스', '셰셰 닌'은 무슨 말일까요? '감사합니다'라는 뜻의 영어, 일본어, 중국어예요. 이렇게 우리말로 바꾸어 쓸 수 있는 다른 나라(바깥 외 外, 나라 국 國) 말을 **외국어**라고 해요.

단어
單(홀 단) 語(말씀 어)

뜻을 가지고 있는 말 중에서 홀로(홀 단, 單) 쓰일 수 있는 가장 작은 말(말씀 어, 語) 덩어리를 **단어**라고 해요. 고유어인 '낱말'과 같은 말이지요. '하늘, 바람, 엄마, 학교'처럼 단어 하나하나는 뜻을 가지고 있어요. 이 단어들을 이용해 '문장'을 만들 수 있어요.

고사성어
故(연고 고) 事(일 사)
成(이룰 성) 語(말씀 어)

고사성어는 옛이야기에서 생겨난 말로, 한자로 이루어져 있어요. 보통 '유비무환', '관포지교'처럼 네 글자로 된 경우가 많지만, 세 글자나 두 글자로 된 고사성어도 있어요.

어투
語(말씀 어) 套(덮개 투)

어떤 사람은 말이 빠르고 어떤 사람은 느려요. 또 항상 공손하게 말하는 사람이 있고 거칠게 말하는 사람도 있어요. 이렇게 말하는 버릇이나 습관을 **어투** 또는 '말투'라고 해요.

어록
語(말씀 어) 錄(기록할 록/녹)

어록은 위인이나 유명한 사람의 말을 간추려 모은 기록(기록할 록/녹, 錄)이에요. 불교나 유교에서 종교적인 가르침을 모은 기록도 어록이라고 해요.

'단어'와 '어휘'

우리는 '단어'와 '어휘'를 같은 뜻으로 잘못 쓰기도 하는데, 사실 단어와 어휘는 뜻이 조금 달라요. 하나하나 홀로 쓰이는 말인 '단어'는 특성에 따라 비슷한 덩어리로 묶을 수 있는데, 이 단어들의 모임을 '무리 휘(彙)' 자를 써서 '어휘'라고 해요. 즉, 낱개로 된 하나하나의 말은 '단어'라고 하고, 단어를 특성에 따라 묶은 집합은 '어휘'라고 하지요. 어휘를 단어의 기원에 따라 나누어 볼까요?

〈기원에 따른 어휘의 종류〉

같은 뜻인데도 말이 다르면 헷갈리기 쉬워요. 그래서 한 나라의 표준이 되도록 정한 말이 있는데, 그것이 바로 '표준어'예요. 우리나라의 표준어는 '교양 있는 사람들이 현대에 두루 쓰는 서울말'이라는 원칙으로 정했어요. 따라서 격이 낮은 말인 '비속어', 어느 한때에만 즐겨 쓰는 말인 '유행어', 어떤 한 지역에서만 쓰는 말인 '사투리'는 표준어가 될 수 없어요.

1 대화를 잘 읽고, 낱말을 잘못 말한 친구를 찾아 ○ 하세요.

나는 **외래어**인 중국어, 영어를 할 수 있어.

말을 하는 버릇이나 습관을 **어투**라고 해.

오늘은 영어 **단어**를 20개나 외웠어.

2 가로 열쇠와 세로 열쇠를 이용해 재미있는 십자말풀이를 해 보세요.

			①①	래	
②②		성			
③	록				

가로 열쇠

① 다른 나라에서 들어왔지만 우리말처럼 쓰이는 말

② 옛이야기에서 생겨나 한자로 이루어진 말

③ 위인이나 유명한 사람의 말을 간추려 모은 기록

세로 열쇠

① 다른 나라 말

② 본래부터 우리말에 있던 낱말이나 그것을 바탕으로 만든 말

3 속뜻짐작 다음 뜻풀이에 알맞은 낱말을 찾아 선으로 연결해 보세요.

의성어, 의태어를 '흉내말'이라고도 해.

'쿨쿨', '멍멍'처럼 사람이나 사물의 소리를 흉내 내는 말을 뜻해요. •

• **의태어**

'느릿느릿', '깡충깡충'처럼 사람이나 사물의 움직이는 모습을 흉내 내는 말을 뜻해요. •

• **의성어**

세계의 나라들은 각각 사용하는 언어가 달라요.
각 나라의 언어를 영어로 어떻게 표현하는지 한번 알아볼까요?

> I'm Jake from the UK.
> I speak English.
> It's nice to meet you!

English

English는 '영어'로, 미국, 영국, 캐나다, 호주 등 세계 여러 나라에서 사용하는 언어예요. 국제 공용어로 쓰이고 있죠. '그녀는 영어를 잘한다.'라고 할 때는 'She speaks English well.'이라고 해요.

Chinese

Chinese는 '중국어'로 중국에서 쓰는 언어예요. '나는 중국어를 조금 할 줄 알아요.'라고 말할 때는 'I can speak a little Chinese.'라고 해요.

Spanish

Spanish는 '스페인어'로 스페인 및 중남미 여러 나라에서 사용하는 언어예요. 다른 말로 '에스파냐어'라고도 하지요. '그녀는 스페인어를 할 수 있어.'라고 말하려면, 'She can speak Spanish.'라고 해요.

Japanese

Japanese는 '일본어'로 일본에서 쓰는 언어예요. 한자와 일본 문자를 섞어서 표기하는 것이 특징이에요.

Korean

Korean은 우리나라 말인 '한국어'예요. '한국어를 배우다.'라는 표현은 'learn Korean.'으로 써요.

> Hi, I'm Harin.
> I'm from Korea.
> I speak Korean.

> Hi, I'm Mario.
> I'm from Mexico.
> I speak Spanish.

1주 2일
학습 끝!

붙임 딱지 붙여요.

QR 찍고 발음 듣기

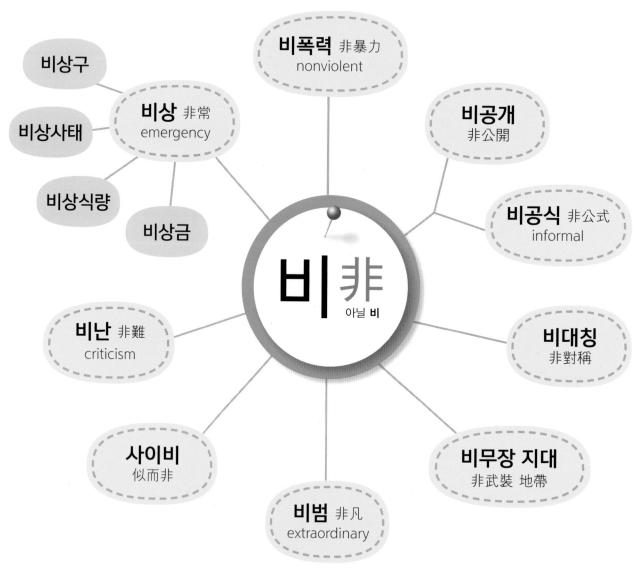

'비(非)' 자에는 비폭력, 비공개처럼 '아니다'라는 뜻과 비난처럼 '헐뜯다'라는 뜻이 있어요.

1 풍선에 쓰인 낱말 중에서 '아니다'라는 뜻이 담겨 있는 낱말에 ○ 하세요.

2 초성 힌트와 가로·세로 열쇠를 보고, 십자말풀이의 빈칸에 알맞은 낱말을 써 보세요.

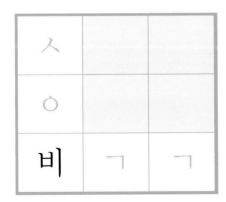

가로 열쇠
어떤 사실이나 내용을 남에게 보이거나
알리지 않는 것이에요.

세로 열쇠
진짜처럼 꾸민 가짜. 겉으로는
같아 보이나 속은 완전히 달라요.

남에게
알리는 건
'공개'니까……,
알겠다!

비상
非(아닐 비) 常(항상 상)

비상은 일반적(항상 상, 常)이지 않은(아닐 비, 非) 뜻밖의 긴급한 상황을 뜻해요. 갑작스러운 일이 생겼을 때 나가는 출입구를 '비상구'라고 하고, 큰일이 벌어진 급한 상황을 '비상사태'라고 하지요. 비상시에 먹기 위해 마련한 식량을 '비상식량', 급할 때 쓰려고 마련한 돈은 '비상금'이라고 해요.

비폭력
非(아닐 비) 暴(사나울 폭/포)
力(힘 력/역)

'폭력'은 때리거나 무기를 휘둘러 남을 거칠게 억누르려는 힘이나 방법을 뜻해요. 여기에 '아닐 비(非)' 자를 붙이면 반대로 '폭력을 쓰지 않거나 반대하다'라는 뜻의 비폭력이 돼요.

비공개 / 비공식
非(아닐 비) 公(공평할 공)
開(열 개) 式(법 식)

공개와 공식에 '아닐 비(非)' 자를 붙여 쓰면 반대의 의미가 돼요. '공개'는 어떤 내용이나 사실을 알린다는 의미이고, 비공개는 알리지 않는다는 뜻이에요. '공식'은 나라나 기관에서 인정하는 방식이라는 뜻이고, 비공식은 인정하지 않는 방식이라는 뜻이에요.

비대칭
非(아닐 비) 對(대답할 대)
稱(일컬을 칭)

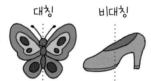

비대칭은 대칭이 아니라는 의미예요. 그럼 대칭이 뭘까요? '대칭'은 같은 모양이나 크기로 마주 보며 짝을 이루는 것이에요.

비무장 지대
非(아닐 비) 武(굳셀 무)
裝(꾸밀 장) 地(땅 지) 帶(띠 대)

비무장 지대는 싸우던 두 나라 간의 충돌을 막기 위해 군사 시설이나 군인을 두지 않기로 약속한 곳이에요. 한반도의 남한과 북한 사이에도 비무장 지대가 있어요.

비범
非(아닐 비) 凡(무릇 범)

'무릇 범(凡)' 자에는 '평범하다'라는 뜻이 있어요. 그래서 '아닐 비(非)' 자가 붙은 비범은 평범하지 않고 보통 수준보다 훨씬 뛰어난 것을 의미해요. 위인전에는 비범한 인물이 많이 등장해요.

> 주몽은 매우 비범한 왕이야.

사이비
似(같을 사) 而(말 이을 이)
非(아닐 비)

사이비는 진짜처럼 꾸민 가짜, 겉으로는 같아 보이나(같을 사, 似) 속은 완전히 다른 것(아닐 비, 非)을 뜻해요. 그래서 진짜가 아닌 것들을 '사이비 종교', '사이비 의사' 등으로 불러요.

비난
非(아닐 비) 難(어려울 난/란)

'비(非)' 자에는 '헐뜯다'라는 뜻도 있어요. 그래서 비난은 남의 잘못이나 나쁜 점을 헐뜯는 것을 일컫지요. 비난과 자주 헷갈려 쓰는 말인 '비판'은 잘못된 것을 고치기 위해 이치를 따져서 하는 말로, 비난과 달라요.

비무장 지대의 환경

'비무장 지대'는 군사 시설이나 군인을 두지 않은 곳이에요. 한국의 비무장 지대는 6.25 전쟁 이후, 휴전선 가까이에 만들어졌지요. 비무장 지대를 만들어 놓은 것은 전쟁이 다시 일어날 수 있는 충돌을 막기 위해서예요. 그래서 비무장 지대에는 사람도 들어가지 못하지요. 그런데 지금은 비무장 지대가 새로운 이유로 주목을 받고 있어요. 오랜 세월 사람의 발길이 닿지 않아서 많은 동물과 식물의 보금자리가 되었거든요. 한국의 비무장 지대는 이제 환경이 보존된 생태 자원으로 새롭게 태어나고 있어요.

날말상식 톡

비무장 지대는 DMZ라고도 해요. DMZ는 '무장하지 않은 지대'라는 뜻으로, 영어로 Demilitarized Zone의 약자예요. Demilitarized는 '무장을 해제한'이라는 뜻의 영어 단어예요.

1 빈칸에 공통으로 들어갈 낱말은 무엇일까요? (　　)

① 비대칭　　　② 비공개　　　③ 비상　　　④ 사이비

2 그림에 어울리는 낱말은 무엇일까요? 필요 없는 글자에 X를 하여 낱말을 완성해 보세요.

3 속뜻 짐작 (　　) 안에서 문장에 어울리는 낱말을 찾아 ○ 하세요.

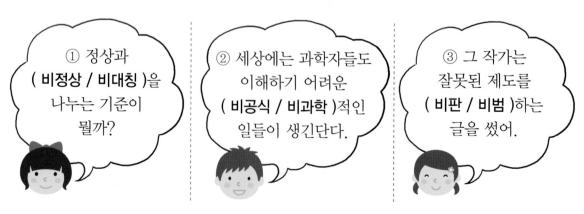

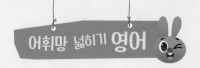

영어에도 어떤 낱말의 앞에 붙어서 새로운 뜻을 더하는 말이 있어요.
'비(非)' 자처럼 낱말 앞에 붙어서 반대의 뜻을 만드는 표현을 함께 알아볼까요?

un- real unreal

un-은 낱말에 붙어서 부정과 반대의 뜻을 나타내요. '현실의'라는 의미의 real에 un-이 붙으면, '비현실의'라는 의미의 unreal이 되지요.

non- stop nonstop

특정 성질을 나타내는 낱말에 non-이 붙으면 그 성질이 없다는 뜻의 새로운 낱말이 돼요. '멈춤'을 뜻하는 stop에 non-이 붙은 nonstop은 도중에 멈추지 않는다는 의미가 되어, '직행'을 뜻해요.

1주 3일
학습 끝!

붙임 딱지 붙여요.

anti- war antiwar

anti-는 낱말에 붙어서 반대의 뜻을 나타내요. war는 '전쟁'이라는 뜻인데, 여기에 anti-가 붙으면 antiwar, 즉 '반전'이라는 뜻이 된답니다. 전쟁에 반대한다는 뜻이지요.

QR 찍고 발음 듣기

주(注)가 들어간 낱말 찾기

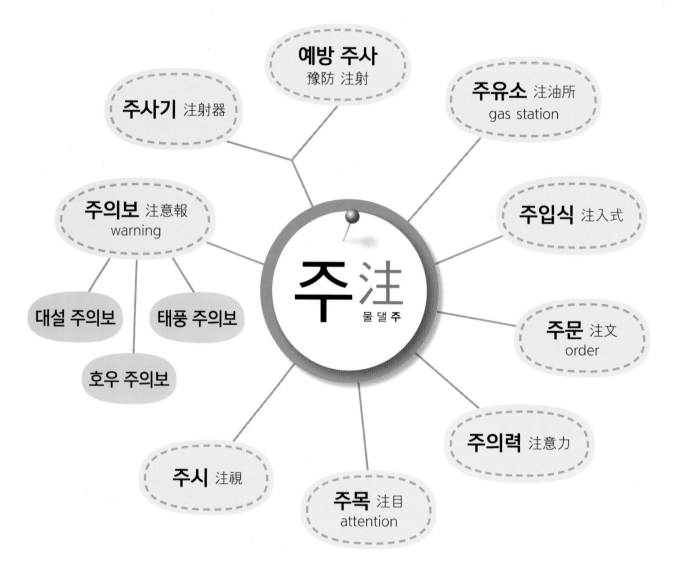

'주(注)' 자에는 주사기나 주유소와 같이 액체나 가루를 '붓다'라는 뜻과
주목이나 주시처럼 '모으다'라는 뜻이 있어요.

1 동물들이 트리를 예쁘게 꾸미고 있어요. 트리에 달린 방울을 보기의 지시에 따라 색칠해 주세요.

주목

주의보

주의력

주입식

주유소

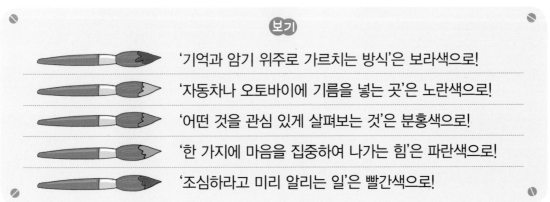

보기

'기억과 암기 위주로 가르치는 방식'은 보라색으로!

'자동차나 오토바이에 기름을 넣는 곳'은 노란색으로!

'어떤 것을 관심 있게 살펴보는 것'은 분홍색으로!

'한 가지에 마음을 집중하여 나가는 힘'은 파란색으로!

'조심하라고 미리 알리는 일'은 빨간색으로!

주사기 / 예방 주사
注(물 댈 주) 射(쏠 사) 器(그릇 기)
豫(미리 예) 防(막을 방)

주사기는 액체로 된 약을 몸 안에 넣을 때 이용하는 기구예요. '주사기'에서 '물 댈 주(注)' 자는 가루나 액체를 붓는다는 뜻이지요. 주사 중에서 **예방 주사**는 전염병을 미리(미리 예, 豫) 막으려고(막을 방, 防) 맞는 주사예요.

주유소
注(물 댈 주) 油(기름 유) 所(바 소)

'주유'는 자동차나 오토바이에 기름을 넣는 것이고, **주유소**는 기름을 넣어 주는 곳이에요. 그래서 '기름 유(油)' 자에 장소를 나타내는 '바 소(所)' 자를 붙여요.

주입식
注(물 댈 주) 入(들 입) 式(법 식)

'주입'은 흘러 들어가도록(들 입, 入) 부어서 넣는(물 댈 주, 注) 것이고, **주입식**은 어떤 내용을 가르칠 때 기억과 암기 위주로 가르치는 방식(법 식, 式)을 뜻해요.

주문
注(물 댈 주) 文(글월 문)

피자요.

주문은 어떤 것을 만들어 달라거나 어떤 일을 해 달라고 하는 것을 뜻해요. 식당에서 "주문하시겠습니까?"라고 묻거나 "피자 주문해 먹을까?"와 같이 써요.

주의력
注(물 댈 주) 意(뜻 의) 力(힘 력/역)

'주의'는 어떤 것에 마음을 기울이거나 관심을 쏟는(물 댈 주, 注) 것을 뜻해요. 여기에 '힘 력/역(力)' 자를 붙인 **주의력**은 한 가지 일에 마음을 집중하여 나가는 힘을 의미해요.

주목
注(물 댈 주) 目(눈 목)

주목!

주목은 어떤 것을 눈여겨보거나(눈 목, 目) 관심 있게 살펴본다는 의미예요. 선생님이 시선을 모을 때 '주목!' 하고 외치는 건 이 때문이에요.

주시
注(물 댈 주) 視(볼 시)

어떤 것을 주의 깊게 집중하여 살펴볼 때 **주시**한다고 해요. 그래서 '볼 시(視)' 자가 붙지요. '그 아이는 한참 동안 나를 주시했다.'와 같이 써요. 비슷한 의미로 사용되는 낱말에는 '응시'가 있어요.

주의보
注(물 댈 주) 意(뜻 의)
報(갚을/알릴 보)

조심하라고 미리 알리는(갚을/알릴 보, 報) 일을 **주의보**라고 해요. 큰 눈을 미리 알리는 것을 '대설 주의보', 큰 비를 미리 알리는 것을 '호우 주의보', 태풍을 미리 알리는 것을 '태풍 주의보'라고 해요.

일기 예보 속 '주의보'와 '경보'

　'일기 예보'는 날씨를 예상하여 미리 알려 주는 것이에요. 특히 많은 비와 눈, 강한 바람 등으로 피해가 예상될 때 기상청은 사람들에게 조심하라고 '주의보'와 '경보'를 알리지요. '주의보'와 '경보' 모두 조심하라는 의미이지만, 그 정도는 달라요. '주의보'는 비교적 작은 피해가 예상될 때 조심하라는 뜻이고, '경보'는 큰 피해가 날지도 모른다는 경고예요. 호우 주의보, 태풍 주의보, 폭염 주의보 외에도 어떤 주의보와 경보가 있는지 알아볼까요?

'한파'는 기온이 갑자기 떨어지는 것을 말하는데, 이때에는 '한파 주의보'를 내려요.

한파 주의보

덜덜덜.

대설 주의보

큰 눈의 피해가 예상될 때에는 '대설 주의보'를 내려요.

'호우'는 큰비로, 비가 많이 내려 큰 피해가 우려될 때 '호우 경보'를 발표해요.

호우 경보

미세 먼지 경보

공기 중에 아주 작은 미세 먼지가 많아지면 '미세 먼지 경보'를 내려요.

> 폭염은 매우 더운 날씨를 말해요. 기상청에서는 낮 최고 기온이 33도 이상이면서 이 더위가 이틀 이상 지속될 것으로 예상될 때 '폭염 주의보'를 발표하고, 낮 최고 기온이 35도 이상 지속될 것으로 예상될 때 '폭염 경보'를 내려요.

1 다음 빈칸에 공통으로 들어갈 낱말은 무엇일까요? (   )

가방을 하나 더 만들어 달라는 ☐이/가 들어왔어.

인터넷으로 원하는 상품을 ☐했어.

우리 어떤 음식을 ☐할까?

① 주사   ② 주시   ③ 주의   ④ 주문

2 사진을 보고 관련이 있는 일기 예보를 찾아 선으로 연결해 주세요.

태풍 주의보   호우 주의보   대설 주의보

3 속뜻 짐작 뜻풀이에 알맞은 낱말을 보기에서 찾아 빈칸에 써 보세요.

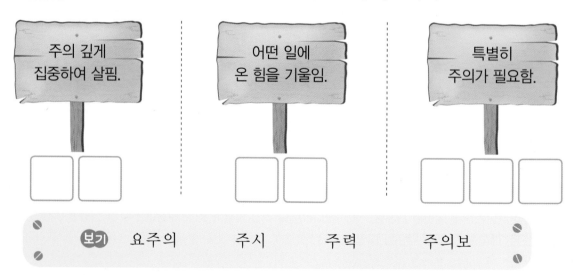

주의 깊게 집중하여 살핌.

어떤 일에 온 힘을 기울임.

특별히 주의가 필요함.

보기   요주의   주시   주력   주의보

34

order는 '주문을 하다'라는 뜻이에요.
식당에서 영어로 어떻게 주문하는지 알아볼까요?

A: What would you like to order?
무엇을 주문하시겠어요?

B: I would like to have a cheeseburger, please.
치즈 버거 주세요.

A: Anything else?
다른 건 필요하신 게 없으세요?

B: That's all. Thank you.
그게 다예요. 감사합니다.

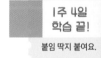
I주 4일
학습 끝!
붙임 딱지 붙여요.

A: Would you like it for here or to go?
여기서 드실 건가요? 아니면 가져가실 건가요?

B: To go, please.
가져갈 거예요.

A: Okay. That will be $5.
알겠습니다. 5달러입니다.

B: Here you go. Thank you.
여기 있어요. 감사합니다.

QR 찍고 발음 듣기

안(安)이 들어간 낱말 찾기

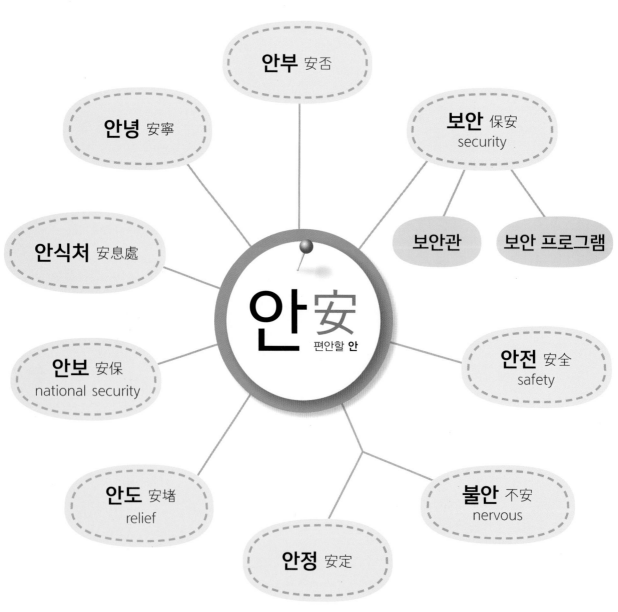

1 동물 친구들이 낱말 카드를 하나씩 가지고 있어요. 사다리를 타고 내려가서 뜻풀이에 맞는 낱말을 빈칸에 써 주세요.

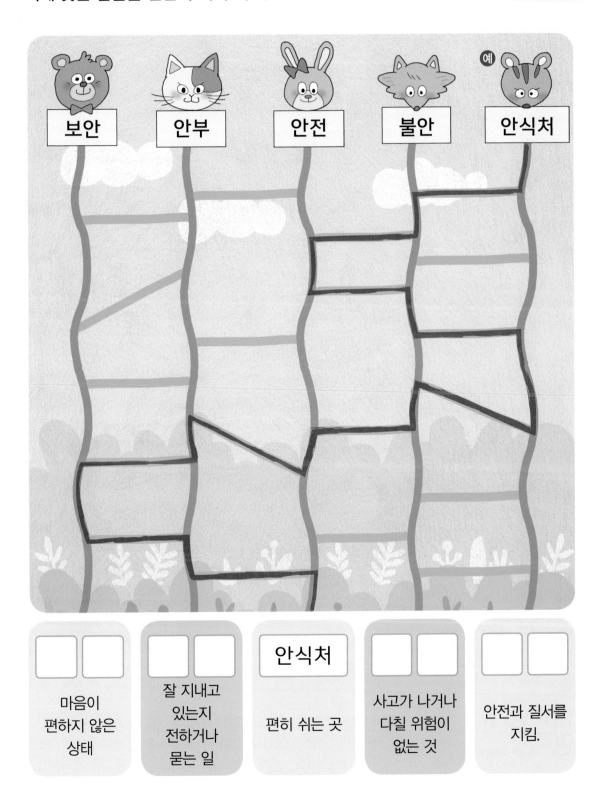

| 보안 | 안부 | 안전 | 불안 | 예 안식처 |

| | | 안식처 | | |
| 마음이 편하지 않은 상태 | 잘 지내고 있는지 전하거나 묻는 일 | 편히 쉬는 곳 | 사고가 나거나 다칠 위험이 없는 것 | 안전과 질서를 지킴. |

안녕
安(편안할 안) 寧(편안할 녕/영)

친구들과 인사를 할 때, '안녕!'이라고 하지요? **안녕**은 친구나 나보다 어린 사람에게 인사할 때 사용하는 인사말이에요. 또 '가정의 안녕을 빌어요.'와 같이 쓸 때는 아무 탈 없이 편안한(편안할 안, 安) 것을 뜻해요.

안부
安(편안할 안) 否(아닐 부)

안부는 편안하게 잘 지내는지 묻거나 전하는 것을 뜻해요. 편안하게(편안할 안, 安) 잘 지내는지 전화로 묻는 것은 '안부 전화'라고 하고, 편지로 묻는 것은 '안부 편지'라고 해요.

아프신 데는 없는지 안부 전화 드렸어요.

보안
保(지킬 보) 安(편안할 안)

옛날 미국에는 마을의 안전과 질서를 지키는 사람인 '보안관'이 있었어요. 이렇게 안전을 지키는(지킬 보, 保) 일을 **보안**이라고 해요. 그래서 안전을 위해 사용하는 프로그램은 '보안 프로그램'이라고 하지요.

안전
安(편안할 안) 全(온전할 전)

안전은 사고가 나거나 다칠 위험이 없는 것을 말해요. 그래서 머리를 보호하기 위해 쓰는 모자를 '안전모'라고 하고, 총 등이 함부로 작동되지 않게 하는 장치를 '안전장치'라고 해요.

불안 / 안정
不(아니 불/부) 安(편안할 안)
定(정할 정)

마음이 편하지 않고 조마조마한 상태를 말할 때, '아니 불/부(不)' 자를 붙여 **불안**하다고 해요. 반대로 별 탈 없이 편안한 상태가 이어지는 것을 **안정**이라고 하지요. 안정과 비슷한말로는 '평안', '편안', '평화' 등이 있어요.

안도
安(편안할 안) 堵(담 도)

안도는 걱정거리에서 벗어나서 마음을 놓은 것을 의미해요. 또 어떤 일이 잘 진행되어 마음을 놓았을 때 '안도의 한숨을 쉬었다.'와 같이 말하지요. 여기서 '담 도(堵)' 자는 편안히 살다라는 뜻으로 쓰였어요.

안보
安(편안할 안) 保(지킬 보)

안보는 국가와 국민을 안전하게 지키는(지킬 보, 保) 일을 뜻해요. '국가 안보'는 적으로부터 나라를 지키는 것을 말하며, '안보 태세'는 나라를 지키려는 태도와 자세를 뜻해요.

안식처
安(편안할 안) 息(숨쉴 식)
處(곳/살 처)

안식처는 편히(편안할 안, 安) 쉬는(숨쉴 식, 息) 곳(곳/살 처, 處)을 가리켜요. '새의 안식처를 만들어 주었어.'와 같이 쓰지요. 비슷한말로 '보금자리'가 있어요. 보금자리는 본래 새가 알을 낳거나 쉬는 둥지를 가리켜요.

나를 지켜 주는 안전 지도

우리 동네에서 안전한 곳은 어디인지 한눈에 살펴볼 수 있는 지도가 있어요. 바로 '안전 지도'예요. 안전 지도에는 학교 앞처럼 안전에 더 신경 써야 하는 '어린이 보호 구역'이나, 파출소 등이 있어서 위험한 일이 생겨도 보호를 받을 수 있는 '안전 구역' 등이 표시되어 있어요. 내가 살고 있는 동네의 안전 지도를 직접 만들어 볼까요?

〈우리 동네 안전 지도 만들기〉

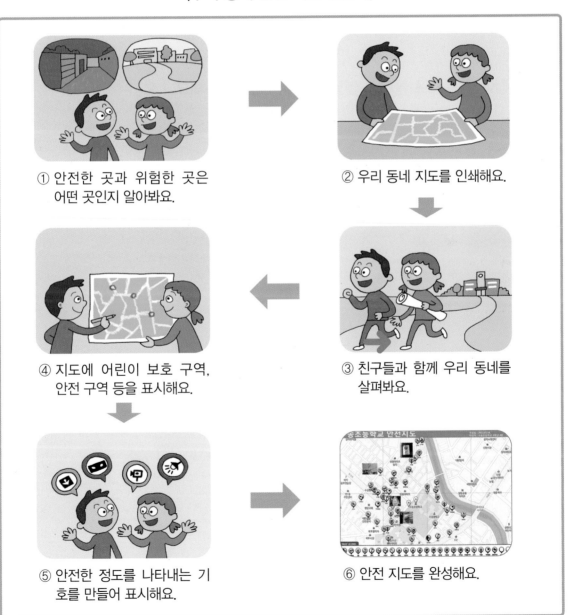

① 안전한 곳과 위험한 곳은 어떤 곳인지 알아봐요.

② 우리 동네 지도를 인쇄해요.

③ 친구들과 함께 우리 동네를 살펴봐요.

④ 지도에 어린이 보호 구역, 안전 구역 등을 표시해요.

⑤ 안전한 정도를 나타내는 기호를 만들어 표시해요.

⑥ 안전 지도를 완성해요.

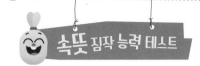

1 국어사전에서 어떤 낱말을 찾으려고 해요. 뜻풀이를 보고 찾으려는 낱말이 무엇인지 골라 보세요. (　　　)

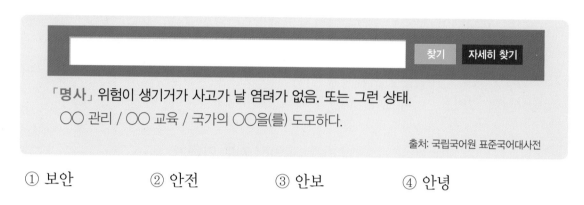

「명사」위험이 생기거나 사고가 날 염려가 없음. 또는 그런 상태.
○○ 관리 / ○○ 교육 / 국가의 ○○을(를) 도모하다.

출처: 국립국어원 표준국어대사전

① 보안　　　　② 안전　　　　③ 안보　　　　④ 안녕

2 빈칸에 공통으로 들어갈 낱말을 찾아 색칠해 주세요.

정부는 물가 □을/를 위해 노력했다.

그 나라는 곧 □될 것이다.

안정

안도

3 속뜻 짐작 끝말잇기를 완성할 수 있도록, 보기에서 알맞은 낱말을 골라 빈칸에 쓰세요.

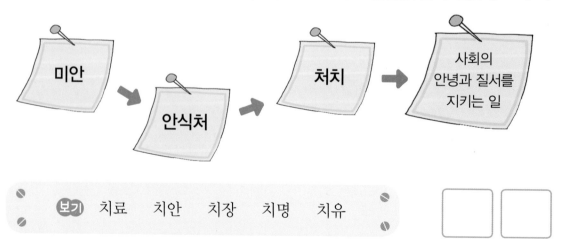

미안 → 안식처 → 처치 → 사회의 안녕과 질서를 지키는 일

보기　치료　치안　치장　치명　치유

□ □

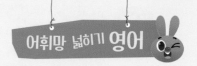

우리가 편안하게 생활할 수 있는 것은 안전하게 지켜 주는 사람들 덕분이에요.
그중에서도 학교에서 우리의 안전을 지켜 주는 보안관 선생님을 영어로 알아보아요.

sheriff

미국의 '보안관'은 sheriff라고 해요. 미국의 보안관은 우리나라로 치면 '~구(區)'에 해당하는 county의 시민들이 투표로 뽑아요. 보안관은 범죄 예방을 위해 순찰을 하거나 범인을 체포하는 일을 해요. 미국의 경찰도 비슷한 일을 하는데, 미국은 워낙 큰 나라여서 각 주의 작은 도시에까지 경찰을 두지 못해요. 그런 경우에는 sheriff가 그 지역의 치안을 담당한답니다.

1주 5일
학습 끝!

붙임 딱지 붙여요.

school security guard

학교에 계시는 보안관 선생님도 sheriff라고 할까요? 만일 미국인에게 학교 보안관 선생님을 sheriff라고 소개하면 '이 학교에는 범죄가 많나?'라고 오해할 수 있어요. 학교 보안관 선생님은 주로 아이들을 보호하고 안전사고를 예방하니까 school security guard라고 소개하는 것이 좋아요. guard는 '경비 요원'이라는 뜻이에요.

QR 찍고 발음 듣기

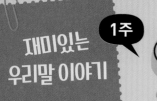
관직에 오를 사람에 대해 수군거리는 '하마평'

'하마평'이라는 말은 '하마비'라는 한자어에서 나왔어요.

하마비가 뭐지?

하지 마비가 아닐까? 으~.

찌릿 찌릿

너 정말!! 진지할 때는 좀 진지하자.

……

먼 옛날 조선 시대에는 궁궐이나 종묘, 왕릉 앞에 하마비를 세웠어요.

앗, 하마비다!

'모두 말에서 내리시오.'

영차!

왕릉 앞을 말을 타고 갈 수는 없지.

그렇다면 '하마평'은 하마비와 무슨 관련이 있을까요?

하마 콧구멍 평수인가?

찌릿─

읍!

하마평(아래 하 下, 말 마 馬, 평론할 평 評): 관직에 오를 사람에 대한 소문이나 수군거림을 뜻해요.

하마비가 있는 곳에서는 누구나 말에서 내려야 했기 때문에,

주차장이 따로 없네!

주인이 걸어서 잠시 일을 보러 가면 가마꾼이나 마부들은 한자리에 모여 시간을 보냈어요.

아유, 따분해~! 뭐 재미난 소식 없어?

좋은 정보 하나를 얻었는데…….

뭔데?

맨입으로?

밥 살게!

이번에 사또로 오는 양반이 완전 미남에 총각이래!

그래? 마을 처녀들 난리 나겠구먼.

그래서 이렇게 높은 자리에 오를 사람에 대한 소문이나 수군거림을 '하마평(下馬評)'이라고 하게 되었답니다.

새로 온 사또 소문 들었어?

미남 이라며?

어떤 소문?

이번에 회장 후보로 나온 애의 누나가 가수래!

전교 회장이 되면 사인받아 달라고 해야지~.

우아, 진짜?

또 하마평 시작이군.

43

지 紙 종이 지

편지 便紙 letter

휴지 休紙

봉지 封紙

지폐 紙幣 bill

시험지 試驗紙

학습지 學習紙

한지 韓紙 korean paper

설문지 設問紙 questionnaire

용지 用紙 paper

원고지

오선지

도화지

신문지 新聞紙 newspaper

1 뜻풀이에 어울리는 낱말을 찾아 선으로 연결해 주세요.

종이로 만든 돈 • • 지폐

시험 문제가 쓰여 있는 종이 • • 신문지

세상에서 일어나는 일들을
쓴 글이 인쇄된 종이 • • 봉지

코를 푸는 등
허드레로 쓰는 종이 • • 휴지

물건을 담도록
종이나 비닐로 만든 주머니 • • 시험지

닥나무 껍질 따위로 만든
우리나라의 전통 종이 • • 한지

원고를 쓰는 용지 • • 원고지

휴지
休(쉴 휴) 紙(종이 지)

휴지는 본래 쓰레기통에 버려야 할 쓸모없는 종이(종이 지, 紙)를 가리켜요. 그런데 우리가 코를 풀거나 화장실에서 쓰는 얇은 종이도 휴지라고 하지요. 이때는 '화장지'와 같은 뜻이에요.

편지
便(편할 편) 紙(종이 지)

안부나 소식 등을 종이에 적어 보내는 글을 **편지**라고 해요. 편지에 쓰인 '편할 편(便)' 자는 소리만 빌려 온 것이지요. 편지를 적는 종이는 '편지지', 편지지를 넣고 주소를 적는 종이는 '봉할 봉(封)' 자를 써서 '편지 봉투'라고 해요.

봉지
封(봉할 봉) 紙(종이 지)

물건을 담을 수 있도록 종이나 비닐 따위로 만든 주머니를 **봉지**라고 해요. 주로 편지나 서류를 넣는 것은 '봉투'라고 하지요. 봉지와 봉투는 모두 입구를 붙여 막는다는 뜻의 '봉할 봉(封)' 자를 써요.

시험지 / 학습지
試(시험 시) 驗(시험 험) 紙(종이 지)
學(배울 학) 習(익힐 습)

똑같은 종이여도 종이에 담은 내용에 따라 다르게 불러요. 시험 문제를 담은 종이는 **시험지**, 공부할 내용을 담은 종이는 **학습지**, 사람들에게 의견을 묻기 위해 질문을 적어 놓은 종이는 '설문지'라고 해요.

신문지
新(새로울 신) 聞(들을 문)
紙(종이 지)

세상에서 일어나는 일들을 그때그때 사람들에게 알리기 위해서 쓴 글을 '새로울 신(新)' 자와 '들을 문(聞)' 자를 합쳐 '신문'이라고 해요. **신문지**는 이 신문을 인쇄한 종이예요.

용지
用(쓸 용) 紙(종이 지)

쓰임에 맞게 만든 종이를 '쓸 용(用)' 자를 써서 **용지**라고 해요. 글을 쓰는 용지는 '원고지', 악보를 그리는 용지는 '오선지', 그림을 그리는 용지는 '도화지'예요.

한지
韓(나라 이름 한) 紙(종이 지)

닥나무 껍질 따위로 만든 우리나라의 전통 종이를 **한지**라고 해요. 한지는 주로 문에 바르는 창호지로 쓰거나, 글씨나 그림을 그리는 화선지로 써요.

지폐
紙(종이 지) 幣(폐백 폐)

물건을 사거나 교환하기 위해 만든 돈을 '화폐'라고 해요. 화폐 중에서 종이로 만든 것을 **지폐**라고 하지요. 고유어로는 '종이돈'이라고 해요.

편리하고 빠른 편지, 전자 우편

　오랜 옛날부터 사람들은 종이에 쓴 편지를 통해 소식을 주고받았어요. 그런데 최근에는 편지에 커다란 변화가 생겼어요. 손으로 직접 써서 우체통에 넣는 편지가 아니라, 통신이나 인터넷을 이용해 주고받는 전자 우편을 많이 쓰게 되었거든요. 전자 우편은 일반 편지와 달리 곧바로 받을 수 있고 여러 사람에게 동시에 보낼 수 있어요. 또 글자뿐 아니라 사진과 동영상도 보낼 수 있지요. 전자 우편은 어떤 이로운 점이 있는지 살펴볼까요?

〈전자 우편의 편리한 점〉

① 빨리 보낼 수 있어요.

② 여러 사람에게 동시에 보낼 수 있어요.

③ 인터넷에 접속하면 언제나 읽을 수 있어요.

④ 글뿐만 아니라 사진과 동영상도 보낼 수 있어요.

⑤ 우체국에 가지 않아도 돼요.

⑥ 종이가 필요하지 않아요.

　전자 우편의 다른 이름은 '이메일'이에요. 이메일(e-mail)의 e는 electronic의 머리글자로, '전자의'라는 뜻이지요. 편지를 보낼 때 보내는 사람과 받는 사람의 주소가 필요하듯이, 전자 우편을 주고받으려면 주소가 필요해요. 이메일 주소는 앳마크 @를 기준으로, 앞부분에는 사용자가 만든 글자를 넣고, 뒷부분에는 전자 우편 서비스를 제공하는 회사나 기관의 인터넷 주소를 넣어요.

1 선생님의 질문에 알맞은 답을 찾아 빈칸에 번호를 쓰세요.

종이로 만든 돈을 뭐라고 하나요?

우리나라의 전통 종이는 무엇일까요?

① '한지'입니다.　② '지폐'입니다.

2 속뜻 짐작 낱말 카드 중에 '종이'와 관련이 있는 낱말을 모두 찾아 ○ 하세요.

| 휴지 | 의지 | 지붕 | 책 표지 | 지평선 | 편지 |
| 묘지 | 용지 | 신문지 | 지구 | 봉지 | 원고지 |

3 속뜻 짐작 그림에 대한 설명을 읽고, 알맞은 낱말에 색칠해 주세요.

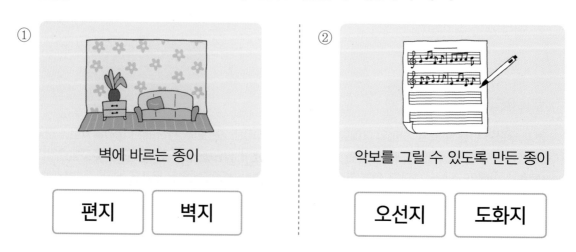

① 벽에 바르는 종이

편지　벽지

② 악보를 그릴 수 있도록 만든 종이

오선지　도화지

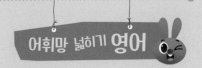

종이로는 아주 많은 놀이를 할 수 있어요.
여러분이 즐기는 종이 공작에는 어떤 표현이 쓰이는지 알아볼까요?

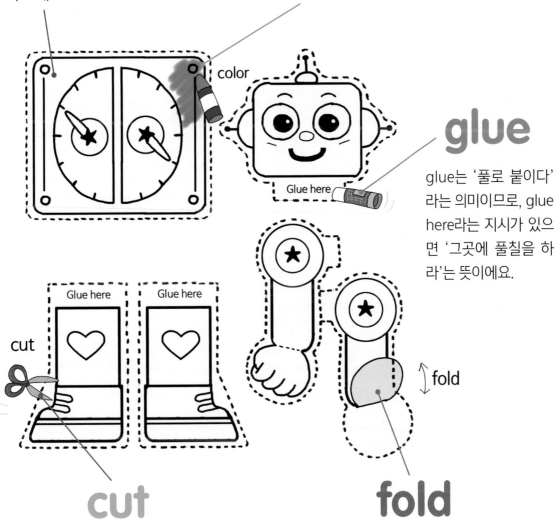

paper craft

종이를 접거나 오려 붙여 꽃, 로봇, 인형 등을 만드는 '종이 공작'을 paper craft 라고 해요.

color

'색칠하다'라는 의미가 있는 color를 써서 color the robot이라고 하면 '로봇을 색칠하다'라는 뜻이에요.

glue

glue는 '풀로 붙이다' 라는 의미이므로, glue here라는 지시가 있으면 '그곳에 풀칠을 하라'는 뜻이에요.

color

Glue here

Glue here   Glue here

cut

fold

cut

cut은 '자르다'라는 뜻이에요. 종이 공작에서 cut out은 '잘라내다'라는 의미예요.

fold

fold는 '접다'라는 뜻이에요. '종이접기'는 '접기'라는 뜻의 folding을 함께 써서 folding paper라고 해요.

2주 1일
학습 끝!

붙임 딱지 붙여요.

QR 찍고 발음 듣기

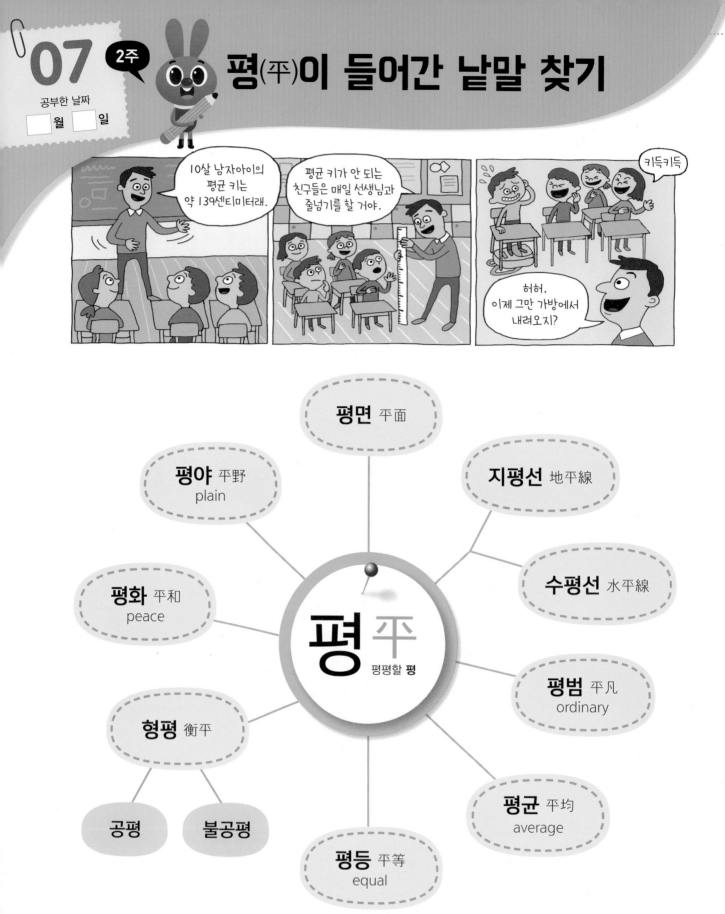

평면 平面

평야 平野 plain

지평선 地平線

수평선 水平線

평화 平和 peace

평 平
평평할 평

평범 平凡 ordinary

형평 衡平

공평   불공평

평균 平均 average

평등 平等 equal

 '평(平)' 자에는 평야처럼 '평평하다'는 뜻과 평범처럼 '보통'이라는 뜻이 있어요.
또 평등처럼 '고르다'라는 뜻과 평화와 같이 '편안하다'는 뜻도 있어요.

1 아래의 빈칸에 들어갈 글자를 보기에서 찾아 쓰고, 비둘기에서 같은 글자를 찾아 물감과 같은 색으로 칠해 주세요.

보기 면 등 화 균 야 범

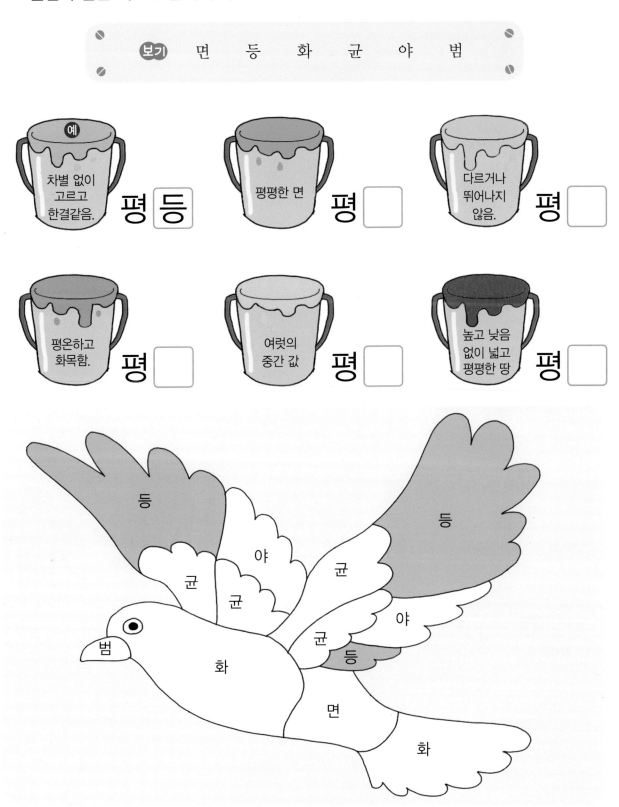

예 차별 없이 고르고 한결같음. 평 등

평평한 면 평 □

다르거나 뛰어나지 않음. 평 □

평온하고 화목함. 평 □

여럿의 중간 값 평 □

높고 낮음 없이 넓고 평평한 땅 평 □

평야
平(평평할 평) 野(들 야)

땅의 높고 낮음이 없이 넓고 평평한 땅을 **평야**라고 해요. 그래서 '평평할 평(平)' 자에 '들 야(野)' 자를 사용하지요. 평평한 들판을 의미하는 '평원', '들'과 비슷한말이에요.

평면
平(평평할 평) 面(낮 면)

평면은 평평하게 펼쳐져 있는 면(낮 면, 面)을 뜻해요. 그래서 평면에 그린 도형은 '평면 도형'이라고 하고, 건물을 위에서 보고 펼쳐 그린 그림은 '평면도'라고 해요.

지평선 / 수평선
地(땅 지) 平(평평할 평)
線(줄 선) 水(물 수)

평야처럼 평평한 땅(땅 지, 地)이 하늘과 맞닿은 선(줄 선, 線)을 **지평선**이라고 해요. 또한 바다가 하늘과 맞닿은 선은 '물 수(水)' 자를 써서 **수평선**이라고 하지요.

평범
平(평평할 평) 凡(무릇 범)

'평평할 평(平)' 자와 '무릇 범(凡)' 자 모두 '보통'이라는 뜻이 있어요. 그래서 **평범**하다는 것은 뛰어나거나 다른 점 없이 보통이라는 뜻이에요. 평범한 사람을 '보통 사람'이라고 하지요. 반대말로 보통 수준보다 훨씬 뛰어나면 '비범'하다고 해요.

평균
平(평평할 평) 均(고를 균)

어떤 기준을 삼을 때 평균을 많이 이야기하지요. '고를 균(均)' 자가 합쳐진 **평균**은 여럿의 중간 값이에요. 평균 키, 평균 기온, 평균 성적 등 우리 생활에서 흔하게 사용돼요.

평등
平(평평할 평) 等(무리 등)

평등은 차별하지 않고 고르게 한결같이 대하는 것이에요. 이때에는 '평평할 평(平)' 자가 '고르다'라는 뜻으로 쓰였지요. 남녀 차별을 하지 않는 것을 '양성 평등'이라고 하고, 피부색으로 차별하지 않는 것을 '인종 평등'이라고 해요.

형평
衡(저울 형) 平(평평할 평)

어른들이 가끔 '형평에 어긋난다.'라고 말씀하시는 걸 들어 본 적이 있지요? '저울 형(衡)' 자를 붙인 **형평**은 어느 한쪽으로 기울어지지 않고 균형이 맞는 것을 뜻해요. 형평에 맞으면 '공평'한 것이고, 형평에 어긋나면 '불공평'한 거예요.

평화
平(평평할 평) 和(화할/화목할 화)

평화는 싸움이 없이 평온하고 화목한(화할/화목할 화, 和) 상태를 의미해요. 이때에는 '평평할 평(平)' 자가 '편안하다'는 뜻으로 쓰였지요. 평화는 '평온', '화평'과 같은 뜻의 낱말이에요.

우리나라의 강과 평야

우리나라는 동쪽에서 서쪽으로 갈수록 산이 점차 낮아져요. 산의 높낮이 때문에 큰 강들도 동쪽에서 서쪽으로 흐르지요. 강이 흐르면서 산을 깎고 흙을 운반해 와서, 큰 강의 하류 쪽에는 넓은 평야들이 발달되어 있어요. 평야는 강을 끼고 있어서 물을 끌어오기 쉽고 평평해서 농사를 짓기에도 안성맞춤이지요. 살기에 좋아서 사람들도 많이 모여 살고요. 우리나라를 대표하는 평야는 어떤 것들이 있는지 알아볼까요?

〈우리나라의 강과 평야〉

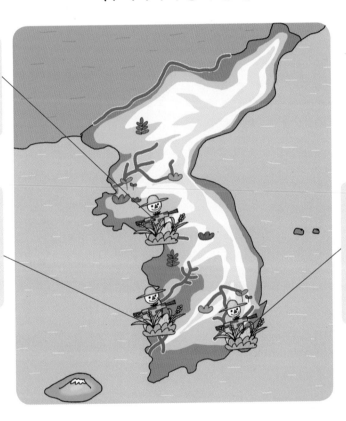

김포평야
서울을 가로질러 흐르는 한강의 하류에 자리하고 있어요.

호남평야
만경강과 동진강 하류에는 우리나라에서 가장 넓은 호남평야가 있어요.

김해평야
남해로 흘러가는 낙동강 하류에는 김해평야가 있어요. 김해평야는 삼각주 지형이 특징이지요.

'삼각주'는 강에 떠내려온 흙이나 모래가 쌓여 만들어진 편평한 지형이에요. 생김새가 삼각형 모양이어서 '석 삼(三)'에 '뿔 각(角)', '물가 주(洲)' 자를 합쳐 삼각주라고 불렀지요. 물론 모든 삼각주가 삼각형 모양은 아니에요. 우리나라의 삼각주 지형에 속하는 김해평야도 완벽하게 삼각형 모양은 아니랍니다.

1 빈칸에 들어갈 낱말을 보기 에서 골라 써 보세요.

① 서울의 8월 ☐☐ 기온이 100년 만에 가장 높았어요.

② 동생과 같이 잘못했는데 저만 혼나는 건 ☐☐ 에 어긋나요.

③ 우리 모두 세계 ☐☐ 을/를 위해 노력합시다.

> 보기   평화   형평   평균

2 속뜻짐작 대화를 읽고 ( ) 안에서 어울리는 낱말을 골라 ○ 하세요.

3 속뜻짐작 인디언 꼬마들이 말하는 수수께끼를 잘 읽고, 어떤 낱말인지 빈칸에 쓰세요.

☐☐☐

'평평한'을 의미하는 영어 단어는 flat이에요.
flat이 들어간 영어 표현을 만나 볼까요?

flat

flat에는 '평평한'이라는 뜻이 있어요. '평평한 땅'이라고 할 때는 flat ground라고 하지요. 그 밖에 평평하거나 납작한 모양을 나타낼 때에 flat을 다양한 영어 표현과 함께 써요.

flat-screen monitor
평면 스크린 모니터

flat shoes
굽이 낮은 신발

flat roof
낮고 평평한 지붕

flat battery
평면 전지

flat price
균일가

flat tire
펑크가 난 타이어

2주 2일
학습 끝!

붙임 딱지 붙여요.

QR 찍고 발음 듣기

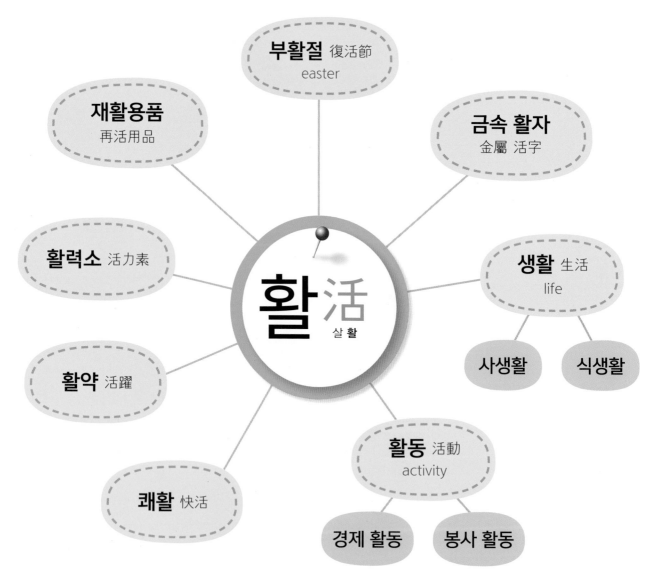

부활절 復活節 easter

재활용품 再活用品

금속 활자 金屬 活字

활력소 活力素

생활 生活 life

사생활   식생활

활약 活躍

활

活

살 활

활동 活動 activity

쾌활 快活

경제 활동   봉사 활동

 '활(活)' 자에는 재활용품, 부활절처럼 '살다'라는 뜻과 활동이나 쾌활처럼 '생기 있다'는 뜻이 있어요.

1 낱말에 대한 설명을 읽고, 빈칸에 알맞은 글자를 넣어 십자말풀이를 완성해 보세요.

①			②	③		
					절	
①	생	②		력		
활						⑤
			④	④		활
③		제	동			
						품

가로 열쇠

① 한 사람의 사사로운 일상생활

② 예수가 다시 살아난 것을 기념하는 날

③ 물건을 만들고 파는 일, 돈을 벌고 쓰는 일 등

④ 마음씨가 명랑하고 즐겁게 행동하는 것

세로 열쇠

① 다른 사람을 돕는 활동

② 기운차게 뛰어다니거나 활발히 활동하는 것

③ 힘차게 움직일 수 있게 힘이 되는 바탕

④ 사람이나 동물이 태어나서 죽을 때까지 움직이며 살아가는 것

⑤ 못 쓰게 된 물건을 고쳐서 다시 사용하게 만든 물건

앗, 모든 낱말에 '활' 자가 들어가네.

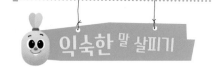
재활용품
再(두 재) 活(살 활)
用(쓸 용) 品(물건 품)

'재활용'은 다 쓰거나 못 쓰게 된 물건을 고쳐서 다시 사용하는 거예요. 여기에 '물건 품(品)' 자를 합친 **재활용품**은 재활용할 수 있는 물건을 뜻해요.

부활절
復(돌아갈/돌아올 복, 다시 부)
活(살 활) 節(마디 절)

부활절은 기독교의 축제 중 하나예요. 예수가 사흘 만에 다시 살아난 것을 기념하는 날로, '다시 부(復)' 자에 때를 나타내는 '마디 절(節)' 자를 합쳐 만들어진 낱말이지요. 몇몇 나라에서는 이 날을 공휴일로 정하여 즐긴답니다. 참, '부(復)' 자에는 '돌아갈/돌아올 복'과 '다시 부'라는 두 개의 훈음이 있어요.

금속 활자
金(쇠 금) 屬(무리/붙일 속)
活(살 활) 字(글자 자)

금속 활자는 납이나 구리 같은 금속에 글자 모양을 새긴 활자예요. '활자'는 낱낱의 글자(글자 자, 字)를 볼록하게 새긴 것이지요. 금속 활자 외에는 나무로 만든 목활자가 있어요.

생활
生(날 생) 活(살 활)

생활은 사람이나 동물이 움직이며 살아가는 것을 말해요. 여기에 '사사로울 사(私)' 자를 붙인 '사생활'은 개인의 사사로운 일상생활을 뜻하고, '먹을 식(食)' 자를 붙인 '식생활'은 먹는 것에 관한 생활을 뜻해요.

활동
活(살 활) 動(움직일 동)

몸을 움직여 어떤 일을 하는 것을 '움직일 동(動)' 자를 써서 **활동**이라고 해요. 물건을 만들고 파는 일, 돈을 벌고 쓰는 일 등은 '경제 활동'이라고 하고, 다른 사람을 돕는 일은 '봉사 활동', 남는 시간을 즐기는 일은 '여가 활동'이라고 해요.

쾌활
快(쾌할 쾌) 活(살 활)

마음씨가 명랑하고 즐겁게 행동하는 것을 '쾌할 쾌(快)' 자를 써서 '**쾌활**하다'라고 해요. '활발하다'와 비슷한 뜻이지요. 쾌활한 성격으로 활발하게 행동하는 사람은 주변을 늘 즐겁게 해요.

활약
活(살 활) 躍(뛸 약)

기운차게 뛰어다니거나 활발히 활동하는 것을 '뛸 약(躍)' 자를 붙여 **활약**이라고 해요. 최선을 다해 활약하는 것은 결과와 상관없이 멋진 모습이에요.

활력소
活(살 활) 力(힘 력/역)
素(흴/본디 소)

부모에게 자식은 살아 움직이게 하는 힘이에요. 이렇게 힘차게 움직일 수 있도록(살 활, 活) 힘(힘 력/역, 力)이 되는 바탕(흴/본디 소, 素)을 **활력소**라고 해요.

글자를 살아 있게 하는 힘, 활자

도서관에 가면 책이 가득하지요? 이렇게 많은 책을 볼 수 있게 된 것은 활자가 발명되었기 때문이에요. 활자는 글자를 종이에 찍어 내기 위해 일정한 크기로 만든 낱낱의 글자예요. 활자가 만들어지기 전까지는 모든 책을 손으로 직접 쓰거나 글자를 나무판에 새긴 뒤 먹물을 바르고 종이에 찍어 냈어요. 그러다 보니 시간이 많이 걸리고, 글자 하나만 틀려도 못 쓰게 되었지요. 활자는 이런 불편함을 해결해 주었어요. 글자 한 자 한 자를 끼워 맞춰 찍어 내다 보니, 틀린 글자는 활자를 바꿔 쉽게 고칠 수 있었거든요. 책을 쉽게 만들게 되면서 글자가 생활에 미치는 영향이 이전보다 훨씬 커졌답니다.

〈활자가 생활에 미친 영향〉

금속 활자는 한 번 만들어 여러 번 사용할 수 있어요.

틀린 글자는 활자 몇 개만 바꾸면 돼요.

인쇄 비용을 크게 줄일 수 있어요.

이전에 비해 책을 훨씬 쉽게 만들 수 있어요.

많은 사람들이 책을 볼 수 있게 되었어요.

요즘에는 활자가 인쇄를 하기 위해 새겨 놓은 낱글자와 다른 의미로 쓰이기도 해요. "신문의 커다란 제목 활자가 눈에 들어왔다."처럼요. 이때는 '인쇄된 글자'로 이해하면 돼요.

1 그림을 보고, ( ) 안에서 알맞은 낱말을 골라 ○ 하세요.

① 예수님이 살아나신 날을 기념하는 (개천절 / 부활절) 달걀을 만들고 있거든.

왜 달걀에 색칠을 하세요?

② 너는 엄마를 살아 움직이게 하는 (활력소 / 영양소)란다.

③ 너는 성격이 (쾌활 / 우울)해서 늘 즐겁게 해 주거든.

넌 내가 왜 좋아?

2 밑줄 친 낱말의 뜻을 찾아 선으로 연결해 주세요.

어머니는 월요일마다 양로원에서 봉사 **활동**을 하셔. •	• 기운차게 뛰어다니거나 활동하는 것
이번에 그 선수의 **활약**이 대단했어! •	• 다 쓰거나 못 쓰게 된 물건을 고쳐서 다시 사용할 수 있는 물품
오늘은 **재활용품**을 분리수거 하는 날이야. •	• 몸을 움직여서 어떤 일을 하는 것

3 속뜻 짐작 사진을 보고, 빈칸에 알맞은 낱말을 찾아 색칠하세요.

① 양궁 선수들의 ☐☐(으)로 경기에서 승리했어요.

활력소	맹활약	사생활

② 우리 가게에서는 싱싱한 ☐☐만 팔아요.

활어	활동	금속 활자

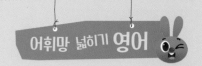

학교에서는 공부뿐만 아니라 다양한 활동을 해요.
우리가 학교에서 많이 하는 활동을 영어로 알아볼까요?

volunteering

'봉사 활동'을 영어로 volunteering 또는 volunteer activity라고 해요. 여기서 volunteer는 남을 돕는 일에 스스로 참여하는 사람인 '자원봉사자'를 뜻해요.

extracurricular activity

학교에서 정해진 과목 말고 따로 배우는 것을 '과외 활동' 또는 '특별 활동'이라고 해요. extracurricular activity는 이런 활동을 가리켜요.

2주 3일 학습 끝!

붙임 딱지 붙여요.

after-school activity

여러분은 학교 수업이 끝나면 어떤 활동을 하나요? after-school activity는 축구, 수영 등 학교 수업이 끝나고 나서 하는 '방과 후 활동'을 가리켜요. '너는 방과 후 활동으로 무얼 하니?'라고 묻고 싶다면 'What do you do as an after-school activity?'라고 하면 돼요.

QR 찍고 발음 듣기

석(石)이 들어간 낱말 찾기

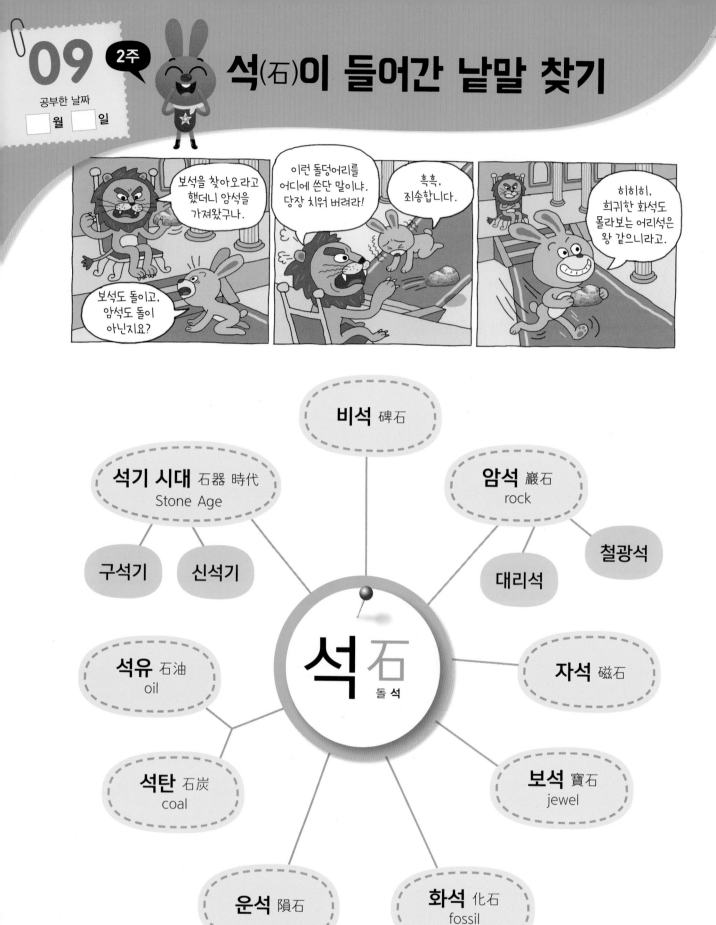

1 무당벌레가 미로 상자에 갇혔어요. 설명하는 낱말을 번호 순서대로 찾아가면 미로를 빠져나올 수 있어요. ● 구멍들을 지나 미로를 통과해 보세요.

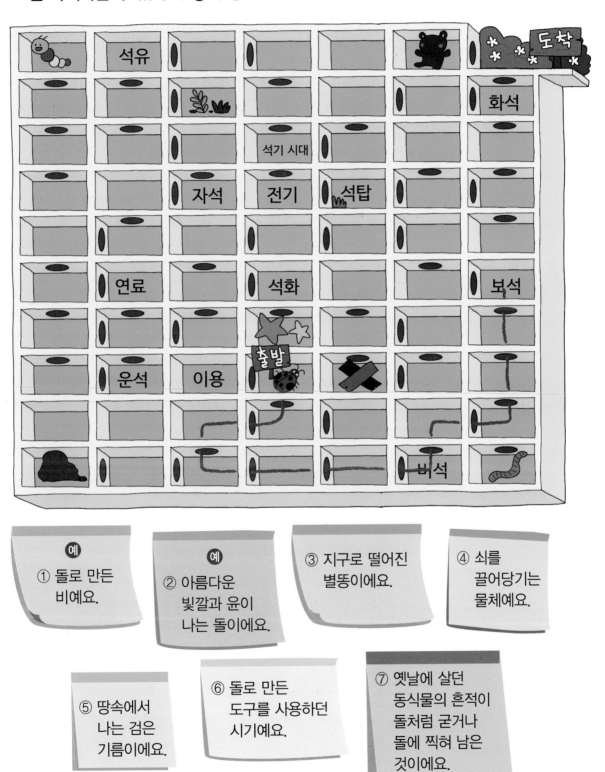

석기 시대
石(돌 석) 器(그릇 기)
時(때 시) 代(대신할 대)

'석기'는 돌(돌 석, 石)을 갈거나 깨서 만든 도구예요. '그릇 기(器)' 자에는 '도구'라는 뜻이 있지요. 이런 도구를 사용하던 시기는 **석기 시대**라고 해요. 사용한 도구에 따라 '구석기'와 '신석기'로 나눠요.

비석
碑(비석 비) 石(돌 석)

비석은 돌로 만든 비(비석 비, 碑)를 뜻해요. 죽은 사람에 대한 내용을 새겨 무덤 앞에 놓는 '묘비', 어떤 일이나 사람을 기념하기 위해 세우는 '기념비' 등이 있어요.

암석
巖(바위 암) 石(돌 석)

암석은 땅을 이루고 있는 단단한 돌(바위 암, 巖)을 가리켜요. 자갈, 모래, 흙이 쌓여서 만들어지기도 하고, 화산 활동으로 생기기도 해요. '대리석', '철광석' 등은 암석의 여러 종류 중 하나예요.

자석
磁(자석 자) 石(돌 석)

자석은 쇠를 끌어당기는 힘이 있는 물체로, 자연에서 캐낼 수 있는 광석의 하나예요. 쇠를 잡아당기는 힘 때문에 자석은 자석 칠판과 필통, 냉장고 등 우리 생활의 다양한 곳에 쓰여요.

보석
寶(보배 보) 石(돌 석)

다이아몬드, 루비처럼 아름다운 빛깔과 윤이 나는 돌이 **보석**이에요. 보물같이 보배로워서 '보배 보(寶)' 자를 붙이지요. 다듬기 전의 처음 상태는 '원석'이라고 하며, 이것을 다듬어 보석으로 만들어요.

화석
化(될/변화할 화) 石(돌 석)

아주 먼 옛날에 살던 동식물의 뼈나 흔적이 돌처럼 굳어 남은 것을 **화석**이라고 해요. 대부분의 화석은 아주 단단하지요. 화석을 보면 그 시대에 어떤 생물이 어떤 환경에서 살았는지 알 수 있어요.

운석
隕(떨어질 운) 石(돌 석)

운석은 우주를 떠다니는 돌이 지구로 들어와 빛을 내며 떨어진(떨어질 운, 隕) 거예요. 흔히 떨어지는 별똥별을 보고 소원을 빈다고 하지요? 그 별똥별이 바로 운석이에요.

석탄 / 석유
石(돌 석) 炭(숯 탄)
油(기름 유)

땅속에 오랫동안 묻힌 동식물은 화석처럼 굳어져요. 이것이 오늘날 연료로 이용하는 '화석 연료'예요. 화석 연료에는 숯처럼 검고 딱딱해 '숯 탄(炭)' 자를 붙인 **석탄**과, 기름과 비슷해서 '기름 유(油)' 자를 붙인 **석유**가 있어요.

인류 최초의 도구, 돌

먼 옛날 사람들이 주로 돌을 이용해 도구를 만든 시대를 '석기 시대'라고 해요. 석기 시대는 돌을 어떻게 다루어 석기를 만들었느냐에 따라 두 시대로 구분 지어요. 돌을 깨뜨리거나 떼어 내어 석기를 만든 시대는 '구석기 시대'라고 하고, 돌을 갈아서 석기를 만든 시대는 '신석기 시대'라고 하지요. 구석기 시대의 도구를 '뗀석기', 신석기 시대의 도구를 '간석기'라고 불러요. 그럼 석기 시대의 다양한 석기를 만나 볼까요?

〈여러 가지 모양의 석기〉

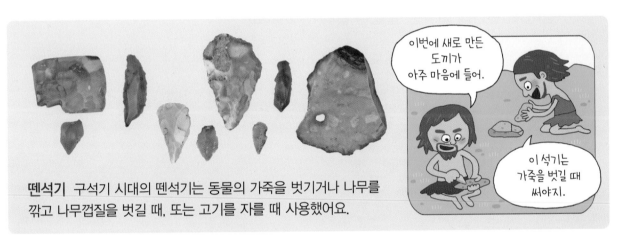

뗀석기 구석기 시대의 뗀석기는 동물의 가죽을 벗기거나 나무를 깎고 나무껍질을 벗길 때, 또는 고기를 자를 때 사용했어요.

간석기 신석기 시대의 간석기는 땅을 파거나 물고기를 잡을 때, 그리고 곡식이나 열매를 갈 때 사용했어요.

'석공'은 돌(돌 석, 石)을 다루어 물건을 만드는 사람(장인 공, 工)을 뜻해요. 우리나라의 불국사, 이집트의 피라미드, 중국의 만리장성 등 인류의 위대한 건축물은 석공들이 만들었지요. 같은 말로는 '석수'가 있어요.

1 다음 빈칸에 어울리는 낱말을 찾아 선으로 연결해 주세요.

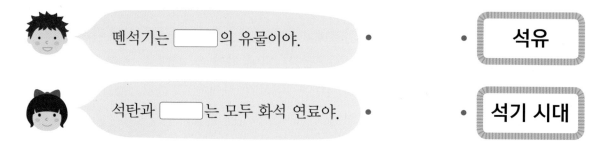

떼석기는 [   ]의 유물이야.   •   •   석유

석탄과 [   ]는 모두 화석 연료야.   •   •   석기 시대

2 한 탐험가가 편지를 보내왔어요. 그런데 빗물에 잉크가 번져서 글자가 잘 보이지 않아요. 빈칸에 알맞은 낱말을 골라 ○ 하세요.

어제 탐험을 하다가 공룡 [   ]을 발견했어.

왕의 무덤 안에는 종종 값비싼 [   ]이 들어 있어.

| 화석 | 자석 |

| 보석 | 운석 |

3 속뜻 짐작 (   ) 안에서 문장에 어울리는 낱말을 찾아 ○ 하세요.

나는 돌로 물건을 만드는 (석공 / 도공)이에요. 지금 열심히 (목탑 / 석탑)을 만들고 있어요.

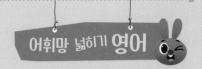

먼 옛날인 원시 시대는 도구를 어떤 재료로 만들어 사용했는지에 따라 나누어요.
석기 시대, 청동기 시대, 철기 시대를 영어로 알아볼까요?

Stone Age

stone은 '돌'을, age는 '시대'를 뜻해요.
두 단어를 합쳐 Stone Age라고 하면 '석
기 시대'를 가리키지요. 석기 시대 중 '구
석기 시대'는 Old Stone Age, '신석기
시대'는 New Stone Age라고 해요.

Bronze Age

사람들이 돌 다음으로 도구를 만드는 데
이용한 재료는 청동이에요. '청동'은 영
어로 bronze라고 하고, '청동기 시대'는
Bronze Age라고 해요.

2주 4일
학습 끝!

붙임 딱지 붙여요.

Iron Age

혹시 강철같이 강력한 아이언 맨(Iron-Man)을 알고 있나요?
여기서 iron은 우리 주변에서 흔하게 볼 수 있는 '철'이에요. 이
철로 도구를 만들기 시작한 '철기 시대'를 영어로는 Iron Age
라고 해요.

QR 찍고 발음 듣기

산(算)이 들어간 낱말 찾기

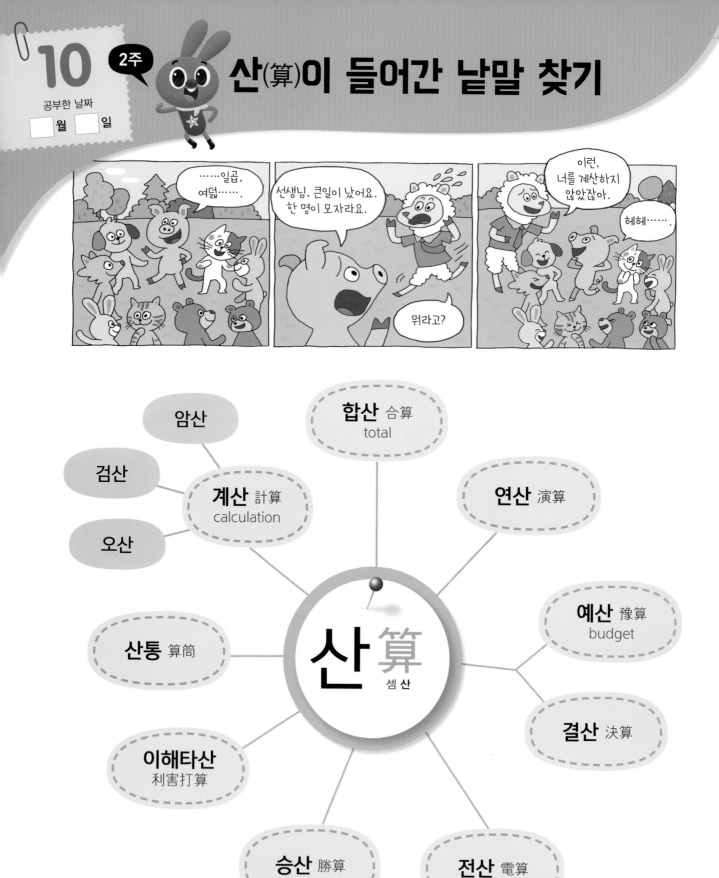

'산(算)' 자에는 계산, 합산처럼 '계산하다'라는 뜻과 이해타산처럼 '꾀하다'라는 뜻이 있어요.

1 낱말 카드 중 셈하는 것과 관련이 있는 낱말을 모두 찾아 ○ 하세요.

2 설명을 잘 읽고, 알맞은 낱말을 찾아 펭귄과 물고기를 연결해 보세요.

계산
計(셀 계) 算(셈 산)

수를 헤아리고(셀 계, 計) 셈하는(셈 산, 算) 일을 **계산**이라고 해요. 계산을 할 때 머릿속으로 하는 것은 '암산', 답이 맞는지 검토하려고 다시 셈하는 것은 '검산', 잘못 계산한 것은 '오산'이라고 해요.

합산
合(합할 합) 算(셈 산)

여러 수를 합하여(합할 합, 合) 계산(셈 산, 算)하는 것을 **합산**이라고 해요. 모아 놓은 용돈을 모두 더하거나 한 달 동안 쓴 돈을 모두 더하는 것도 합산이에요.

연산
演(펼/멀리 흐를 연) 算(셈 산)

연산은 정한 식에 따라 답을 구하기 위해 셈을 하는 거예요. '사칙 연산'은 '넉 사(四)' 자에 '법칙 칙(則)' 자를 합친 낱말로, 덧셈, 뺄셈, 곱셈, 나눗셈을 이용한 연산을 가리켜요.

예산 / 결산
豫(미리 예) 算(셈 산)
決(결단할 결)

예산은 돈을 어떤 일에 얼마나 쓸지 미리(미리 예, 豫) 헤아려서 계획을 짜는 거예요. 반대로 **결산**은 정해진 기간 동안 돈이 얼마나 들어와서 어떻게 쓰였는지 계산하는 거예요.

전산
電(번개 전) 算(셈 산)

컴퓨터와 같은 전자 기기로 계산하는 것을 **전산**이라고 해요. '번개 전(電)' 자에는 '전기, 전류'라는 뜻이 있지요. 컴퓨터를 이용해 지식과 자료 같은 정보를 다루는 일도 전산이라고 해요.

승산
勝(이길 승) 算(셈 산)

응원하는 팀이 경기를 하면 그 팀이 이길 수 있는지 따져 보지요? 이처럼 이길(이길 승, 勝) 수 있는지 계산해 따져 보는 것을 **승산**이라고 해요.

> 2:1이니 이길 승산이 높아졌어.

이해타산
利(이로울 리/이) 害(해칠 해)
打(칠 타) 算(셈 산)

이해타산은 이로움(이로울 리/이, 利)과 해로움(해칠 해, 害)을 따져 보는 것을 뜻해요. 보통 '이해타산이 빠르다.', '이해타산에 밝다.'라고 쓰지요. 비슷한말에는 '이해득실'이 있어요.

산통
算(셈 산) 筒(대롱 통)

'산통을 깨다.'라는 말을 들어 본 적이 있나요? **산통**은 점을 치는 사람이 점괘를 얻기 위해 작은 막대기를 넣고 흔드는 통에서 유래했어요. 점을 치는데 산통이 깨지면 아무것도 할 수 없겠지요? 이처럼 어떤 일이 잘못될 때 '산통을 깨다.'라고 해요.

대나무 계산기, 산가지

요즘에는 어렵고 복잡한 계산을 할 때 주로 계산기를 이용하지요? 그럼 계산기가 없던 옛날에는 어떻게 했을까요? 옛날에도 계산기를 대신하던 것이 있어요. 바로 대나무 계산기인 '산가지'예요. '셈 산(算)' 자에 고유어인 가지를 붙인 '산가지'는 주변에서 쉽게 구할 수 있던 대나무나 뼈 등을 잘라 만들었어요. 산가지로는 계산뿐만 아니라 놀이를 하기도 했는데, 이 놀이는 때와 장소에 상관없이 누구나 즐길 수 있었지요. 산가지 놀이를 함께 알아볼까요?

〈산가지 놀이 방법〉

산가지

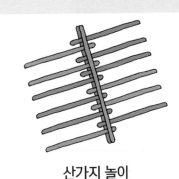

산가지 놀이

① 바닥에 산가지 1개를 세로로 놓고, 그 위에 산가지 여러 개를 가로로 엇갈리게 걸쳐요. 산가지를 가로로 다 놓은 뒤에는 세로에 맞춰 산가지 1개를 올려놓아요.

② 맨 아래에 세로로 놓은 산가지를 조심조심 들어 올리면 가로로 걸쳐진 산가지가 함께 들려 올라가요.

③ 일정한 높이만큼 들었을 때 떨어지지 않고 남은 산가지가 몇 개인지로 승부를 가려요.

사람들이 아주 많을 때는 인원수를 대충 가늠해서 표현해요. 이때 '약'이란 말을 붙이지요. '약(맺을 약, 約)' 자는 '다발로 묶다'라는 뜻이 있는데, 숫자 앞에 쓰이면 '어떤 수에 가까움'을 나타내요.

1 빈칸에 들어갈 낱말이 바르게 짝지어진 것은 무엇인가요? (   )

네가 모은 돈과 부모님께
받은 돈을 [   ]한 다음
여행에서 쓸 [   ]을 짜도록 해.

① 합산 – 예산   ② 예산 – 결산   ③ 결산 – 연산   ④ 합산 – 결산

2 밑줄 친 낱말의 뜻을 찾아 선으로 연결해 주세요.

그는 **이해타산**에 밝아서 손해 볼 일은 안 해.	전쟁이나 경기에서 이길 가능성
이번 경기는 **승산**이 있어.	이로움과 해로움을 이모저모 따짐.

3 속뜻짐작 그림을 보고, 빈칸에 공통으로 들어갈 낱말을 찾아 색칠하세요.

복잡한 계산을 잘하는 걸
보니 [   ]에 뛰어나구나.

이번 [   ] 시험은 아주
쉬웠어.

오늘 [   ] 시간에는 뺄
셈을 배울 거예요.

산수	산통	산가지

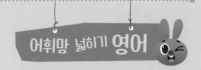

수를 셈하여 답을 구하는 것을 '계산'이라고 해요.
계산을 뜻하는 영어 단어들을 알아볼까요?

count

count는 '수를 세다, 계산하다'는 뜻으로, 주로 수를 셀 때 많이 사용해요. '나는 1부터 10까지 셀 수 있어.'라고 할 때 'I can count from 1 to 10.'이라고 하지요.

calculate

calculate는 '계산하다'라는 뜻이에요. '거리를 계산해라.'라고 하려면 'Calculate the distance.'라고 하고, '평균을 내라.'라고 말하려면 'Calculate the average.'라고 해요. 우리의 계산을 도와주는 '계산기'는 calculator라고 해요.

2주 5일
학습 끝!

붙임 딱지 붙여요.

compute

compute는 calculate처럼 '계산하다'라는 뜻인데 '컴퓨터로 계산하다'라는 의미도 있어요. 물건 값을 정하기 위해 계산을 하는 것은 compute a selling price라고 하고, 돈을 빌려준 뒤에 받을 이자를 계산하는 것은 compute interest라고 하지요. interest는 '이자'라는 뜻이 있어요.

QR 찍고 발음 듣기

가치를 알아보는 '시금석'

너 혹시 '시금석'이 무슨 뜻인지 알아?

시금석? ……시금치 사촌인가?

땡!

'시금석'은 원래 금과 은의 가치를 조사할 때 쓰이는 돌을 뜻하지만, 오늘날에는 다른 의미로 더 많이 쓰여요.

금

시금석

두근― 두근―

가치가 높군.

먼 옛날, 그리스의 신 헤르메스는 아무도 몰래 아폴론의 소들을 훔쳤어요.

워~워

그런데 때마침 바투스라는 노인이 그 모습을 보게 되었지요.

나는 봤지롱~!

소 한 마리를 줄 테니 비밀을 지켜 주게!

쉿!

알겠소.

저 돌이 일러바치면 모를까 난 절대 말하지 않을 거요!

시금석(시험 시 試, 쇠 금 金, 돌 석 石): 어떤 일의 가치를 알아보는 기준을 이르는 말이에요.

토닥이와 함께
파이팅!

PART 2

PART2에서는 상대어나 주제어를 중심으로
관련이 있는 낱말들을 연결해서 배워요.

개(開)와 폐(閉) 비교하기

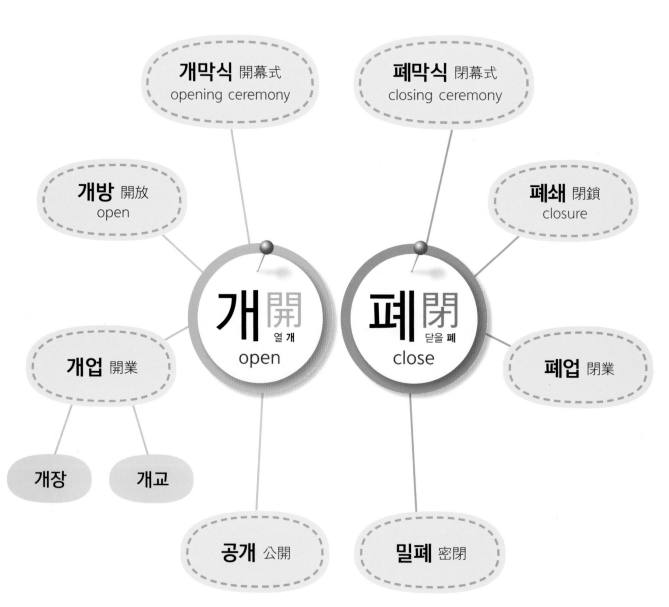

1 전선이 중간중간 끊어져서 전구가 모두 꺼져 버렸어요. 상대되는 낱말을 찾아 전선을 같은 색끼리 이어 주세요. 참, 전선은 일직선으로만 그릴 수 있어요.

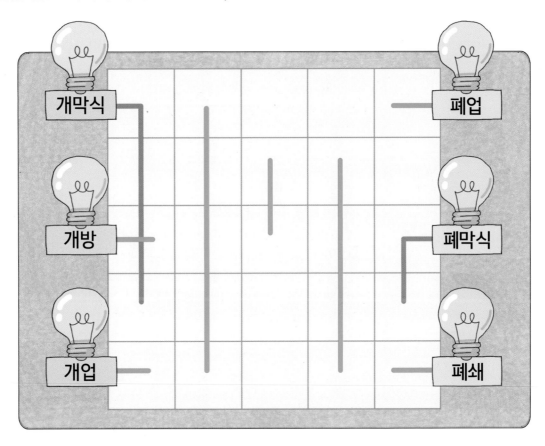

2 다음 문장의 빈칸에 알맞은 낱말을 보기 에서 찾아 써 보세요.

> 보기   공개   개업   개방   밀폐

① 우리 가게는 내일 ☐☐ 해요.

② 어린이 배우를 ☐☐ 모집한다는 광고를 보고 도전했어요.

③ 남은 반찬은 ☐☐ 용기에 담아서 냉장고에 넣었어요.

④ 눈이 많이 오면 등산로를 ☐☐ 하지 않아요.

개막식 vs 폐막식

開(열 개) 幕(장막/군막 막)
式(법 식) 閉(닫을 폐)

큰 행사나 대회를 열(열 개, 開) 때 치르는 예식 (법 식, 式)을 **개막식**이라고 해요. 반대로 '닫을 폐 (閉)' 자가 합쳐진 **폐막식**은 큰 행사나 대회가 끝 나고 마지막에 하는 예식이지요. 회의 같은 모임 을 열 때는 '모일 회(會)' 자를 써서 '개회식'이라 고 하고, 끝날 때는 '폐회식'이라고 해요.

개방 vs 폐쇄

開(열 개) 放(놓을 방)
閉(닫을 폐) 鎖(쇠사슬 쇄)

개방은 어떤 곳을 자유롭게 드나들고 이용하도록 열어(열 개, 開) 놓는 (놓을 방, 放) 것이에요. 반대로 **폐쇄**는 드나들지 못하게 닫거나 막는 것 을 뜻하지요. 폐쇄의 '쇄' 자는 문을 잠글 때 쓰는 '쇠사슬 쇄(鎖)' 자를 써 요. '출입구를 개방했다.', '출입구를 폐쇄했다.'라고 쓰거나, '개방적인 사 람', '폐쇄적인 사람'이라고 쓰기도 해요.

개업 vs 폐업

開(열 개) 業(일 업)
閉(닫을 폐)

일이나 직업을 뜻하는 '일 업(業)' 자가 붙은 **개업**은 가게를 새로 열어 장 사를 시작하는 것을 가리켜요. 극장이나 시장, 해수욕장과 같은 곳을 열 때는 '마당 장(場)' 자를 붙여 '개장'이라고 하고, 학교(학교 교, 校)를 세워 처음 열 때는 '개교'라고 해요. 반대로 **폐업**은 회사나 가게가 일을 그만두 고 문을 닫는(닫을 폐, 閉) 것이에요. 극 장 등이 문을 닫으면 '폐장', 학교가 수 업을 그만두면 '폐교'라고 해요.

공개 vs 밀폐

公(공평할 공) 開(열 개)
密(빽빽할 밀) 閉(닫을 폐)

공개는 어떤 사실이나 사물 등을 여러 사람에게 터놓고 알리거나 보이 는 것을 뜻해요. 그래서 '공개 수업', '공개 방송', '공개 모집' 등으로 사용 하지요. 공개와 반대로 쓰이는 낱말에는 '밀폐'가 있어요. **밀폐**는 '빽빽할 밀(密)' 자를 써서, 안과 밖이 통하지 않게 빈틈없이 닫는 것을 뜻해요. 공 기가 들어가지 않도록 만든 용기를 '밀폐 용기', 안과 밖이 완전히 막혀 있는 공간을 '밀폐 공간'이라고 해요.

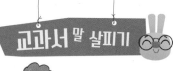

올림픽 개막식

올림픽은 4년마다 열리는 국제적인 운동 경기이자 세계인들이 함께 즐기는 축제예요. 우리나라는 1988년 서울 올림픽과 2018년 평창 동계 올림픽을 열었지요. 올림픽은 보통 개최국이 준비한 근사한 개막식으로 막을 열어요. 개막식은 개최한 나라를 잘 이해할 수 있게 주로 개최국의 문화와 역사를 담은 내용으로 짜여지지요. 또한 올림픽이 세계 평화를 위해 열리는 대회인 만큼, 평화를 주제로 담은 공연도 함께 펼쳐요. 개막식을 통해 세계인은 모두 하나가 되지요. 그럼 지금까지 펼쳐진 여러 올림픽들의 개막식 모습을 잠깐 살펴볼까요?

〈다양한 올림픽 개막식 모습〉

2006년
토리노 동계 올림픽 개막식
패션의 나라인 이탈리아의 자존심을 세울 수 있도록, 세계적인 디자이너 조르지오 아르마니와 모스키노 등이 참여한 매우 화려한 개막식을 선보였어요.

2014년
소치 동계 올림픽 개막식
톨스토이, 도스토옙스키, 샤갈, 차이콥스키 등 세계적인 작가들을 알파벳으로 소개하며 시작한 개막식에서는 러시아의 전통과 예술성을 환상적으로 선보였어요.

2018년
평창 동계 올림픽 개막식
드론으로 오륜기를 만들고 빛과 영상을 통해 하늘 위에 새로운 공간을 만드는 등, 과학 기술과 예술을 절묘하게 조화시킨 개막식으로 평가받았어요.

'오륜'은 다섯 개(다섯 오, 五)의 동그란 바퀴(바퀴 륜, 輪) 모양으로, 지구에 있는 다섯 대륙인 유럽, 아프리카, 아시아, 아메리카, 오세아니아를 나타내요. 오륜기의 색은 세계 여러 나라 국기에 많이 쓰이는 색을 선택했으며, 다섯 동그라미가 얽혀 있는 것은 세계 모든 나라가 힘을 모으자는 뜻을 담고 있어요.

1 서로 상대되는 낱말끼리 연결해서 퍼즐 조각을 맞춰 보세요.

개업	·		·	밀폐
공개	·		·	폐쇄
개방	·		·	폐업

2 속뜻짐작 사진을 보고, 밑줄 친 낱말과 상대되는 낱말을 빈칸에 써 보세요.

① 언니는 올림픽의 **개막식**과 ☐☐☐에서 자원봉사를 했어요.

② 놀이공원은 오전 8시에 ☐☐하고, 오후 6시에 **폐장**해요.

3 속뜻짐작 '열다'라는 뜻을 가진 낱말은 ○를, '닫다'라는 뜻을 가진 낱말은 △를 하세요.

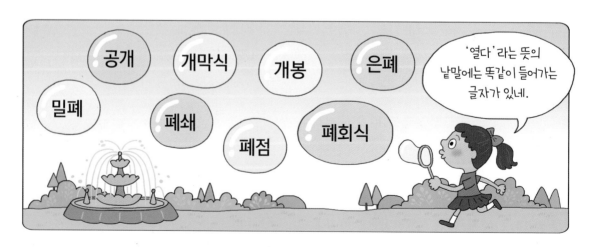

공개   개막식   개봉   은폐
밀폐   폐쇄   폐점   폐회식

'열다'라는 뜻의 낱말에는 똑같이 들어가는 글자가 있네.

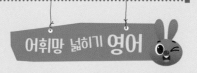
영어로 '열다'는 open, '닫다'는 close예요.
open과 close가 들어가는 다양한 단어들을 알아볼까요?

open close

'문 좀 열어 주세요!'라고 말할 때는 'Open the door, please!'라고 해요.
'창문 좀 닫아 주세요.'라고 말할 때는 'Close the window, please!'라고 하지요.

3주 1일
학습 끝!

붙임 딱지 붙여요.

opening closing

올림픽이나 월드컵 같은 큰 경기에서 대회 시작을 알리는 '개막식'은 opening ceremony, 대회 끝을 알리는 '폐막식'은 closing ceremony라고 해요. 2002년 한·일 월드컵에서 개막식은 대한민국 서울에서, 폐막식은 일본 요코하마에서 열렸어요.

Seoul, Korea

Yokohama, Japan

In the 2002 World Cup, the opening ceremony was held in Seoul, Korea. But the closing ceremony was held in Yokohama, Japan.

QR 찍고 발음 듣기

선(善)과 악(惡) 비교하기

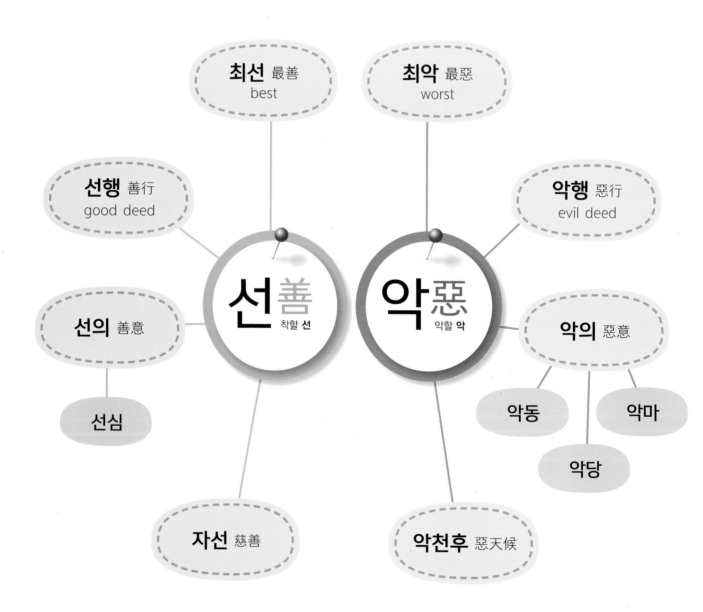

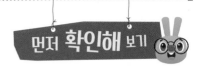

1 아이들이 숲속에서 먹을 것을 찾고 있어요. '좋다'는 뜻이 담긴 열매에는 빨간색을, '나쁘다'는 뜻이 담긴 열매에는 파란색을 칠해서 아이들이 좋은 열매만 먹도록 도와주세요.

2 친구들이 말하는 뜻풀이에 어울리는 낱말을 찾아 선으로 이어 주세요.

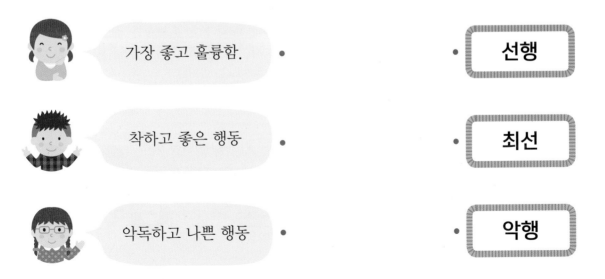

가장 좋고 훌륭함.　　•　　　•　선행

착하고 좋은 행동　　•　　　•　최선

악독하고 나쁜 행동　　•　　　•　악행

최선 vs 최악
最(가장 최) 善(착할 선)
惡(악할 악)

최선과 최악은 '가장 최(最)' 자 뒤에 각각 '착할 선(善)' 자와 '악할 악(惡)' 자가 붙어 반대의 뜻을 나타내는 낱말이에요. **최선**은 가장 좋고 훌륭하다는 의미이고, **최악**은 가장 나쁜 상태를 나타내요. 물론 '최선을 다해 공부해라.'처럼 최선이 '온 정성'을 의미할 때도 있어요.

선행 vs 악행
善(착할 선) 行(다닐 행)
惡(악할 악)

'선(善)'과 '악(惡)'은 각각 '좋음'과 '나쁨'을 나타내는 말이에요. 여기에 행동이나 행실을 뜻하는 '다닐 행(行)' 자를 붙인 말이 선행과 악행이지요. **선행**은 착하고 어진 행동을 뜻하고, **악행**은 나쁜 행동을 가리켜요.

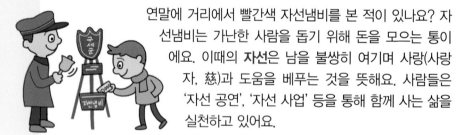

선의 vs 악의
善(착할 선) 意(뜻 의)
惡(악할 악)

'선(善)'과 '악(惡)'에 '뜻 의(意)' 자를 붙인 선의와 악의 역시 반대의 뜻으로 쓰여요. **선의**는 남을 위하는 좋은 뜻이나 마음으로, 선량한 마음을 나타내는 '선심'과 비슷한말이에요. 반대로 **악의**는 남을 해치려는 나쁜 뜻이에요. '악동'은 나쁜 행동을 하는 아이(아이 동, 童), '악당'은 나쁜 짓을 일삼는 무리(무리 당, 黨), '악마'는 나쁜 귀신(마귀 마, 魔)을 가리켜요.

자선
慈(사랑 자) 善(착할 선)

연말에 거리에서 빨간색 자선냄비를 본 적이 있나요? 자선냄비는 가난한 사람을 돕기 위해 돈을 모으는 통이에요. 이때의 **자선**은 남을 불쌍히 여기며 사랑(사랑자, 慈)과 도움을 베푸는 것을 뜻해요. 사람들은 '자선 공연', '자선 사업' 등을 통해 함께 사는 삶을 실천하고 있어요.

악천후
惡(악할 악) 天(하늘 천)
候(기후 후)

악천후는 하늘(하늘 천, 天)의 나쁜(악할 악, 惡) 날씨(기후 후, 候)로 비, 눈, 바람 등이 많이 거친 거예요. 악천후로 비행기 운항이 중단되거나 경기가 취소되는 일이 종종 있어요.

악천후와 안전

어떤 일을 잘하고 싶은데 주변 상황이 도와주기는커녕 방해가 될 때 '악조건'이라고 해요. 그렇다면 날씨가 악조건일 때에는 무엇이라고 할까요? 그럴 때에는 '악천후'라고 해요. 악천후는 번개, 천둥, 돌풍, 소나기, 우박 등 무척 안 좋은 날씨를 뜻해요. 강한 바람이나 태풍 등 악천후가 되면 비행기가 뜨거나 착륙하는 게 금지돼요. 태풍이 와서 바다에 파도가 심하면 배가 항구에 묶이게 되고, 폭설이나 폭우가 쏟아지면 자동차도 운행하기 어려워요. 이처럼 악천후가 우리 생활에 주는 피해는 무엇인지 알아볼까요?

〈악천후로 인한 피해들〉

폭우로 홍수가 나면 자동차들이 달릴 수 없어요.

태풍은 나무를 쓰러뜨리고 도로를 망가뜨리기도 해요.

강한 바람이나 태풍은 집을 무너뜨리기도 해요.

폭설로 도로에 눈이 쌓이면 교통이 마비돼요.

최근 들어 기상 이변으로 악천후가 자주 발생하는데, 엘니뇨도 그중 하나예요. '엘니뇨'라는 이름은 이 현상이 크리스마스 전후에 나타나는 경우가 많아 '아기 예수'라는 뜻의 에스파냐어에서 따왔어요. 엘니뇨 현상으로 비가 적게 내리던 지역에 갑자기 많은 비가 내리고, 비가 많이 오던 지역에 가뭄이 드는 등 큰 변화가 생기고 있어요.

1 그림과 내용을 보고, 빈칸에 들어갈 낱말을 (보기)에서 골라 써 보세요.

<보기> 악천후   선행   악행   최선   최악

2 (속뜻 짐작) 착한 마음이 담긴 낱말은 ○, 나쁜 마음이 담긴 낱말은 △ 해 주세요.

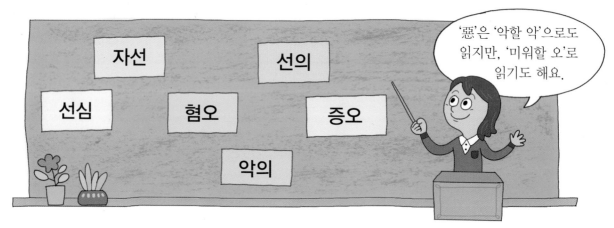

3 (속뜻 짐작) (   ) 안에서 문장에 어울리는 낱말을 찾아 ○ 하세요.

① 우리 반과 옆 반이

(최선 / 친선) 경기를 했어.

'착할 선(善)'은 '좋음'을 나타내는 말이야.

② 그들은 문제점들을 (개선 / 자선)

하려고 노력하고 있어.

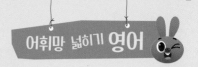

선과 악은 각각 '좋다'는 의미와 '나쁘다'는 의미가 있어요.
일상생활에서 '좋다'는 표현과 '나쁘다'는 표현을 영어로 알아볼까요?

It's awesome VS It's awful

'좋다'라는 말을 표현할 때 일상적으로 쓰는 말에는 무엇이 있을까요? '우아! 대단해!', '최고야!' 등이 있을 거예요. 이때 쓸 수 있는 영어 표현이 'It's awesome.' 또는 'That's awesome.'이에요. 'It's good.'보다 좋다는 의미를 강조한 표현이지요. 비슷한 표현으로는 'It's terrific.', 'It's cool.', 'It's amazing.' 등이 있어요.

'좋다'라는 표현의 반대로 '정말 나쁘다!', '최악이야!', '아, 끔찍해!'라는 표현은 어떻게 할까요? 이런 표현으로는 'It's awful.'이 있어요. 'It's bad.'보다 나쁘다는 의미를 강조한 표현이지요. 'It's awful.'과 비슷한 표현으로는 'It's terrible.', 'It's horrible.' 등이 있어요.

3주 2일
학습 끝!

붙임 딱지 붙여요.

QR 찍고 발음 듣기

적(赤)청(靑)흑(黑)백(白)이 들어간 말 비교하기

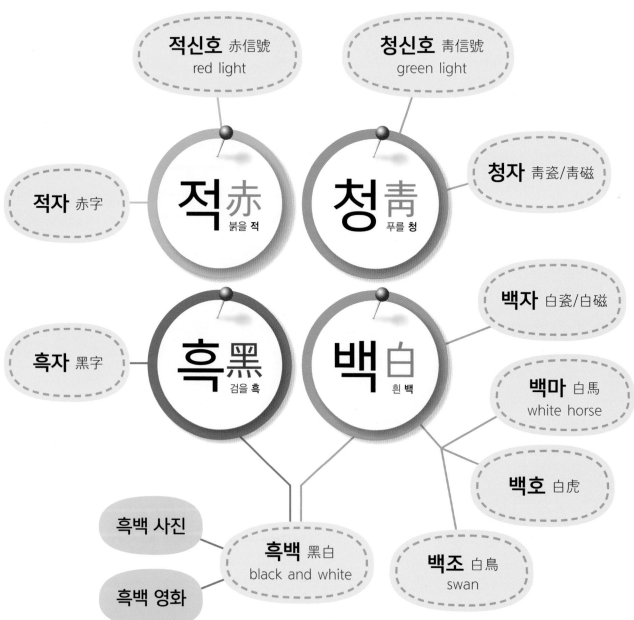

적신호 赤信號
red light

청신호 靑信號
green light

청자 靑瓷/靑磁

적자 赤字

적赤
붉을 적

청靑
푸를 청

백자 白瓷/白磁

흑자 黑字

흑黑
검을 흑

백白
흰 백

백마 白馬
white horse

백호 白虎

흑백 사진

흑백 黑白
black and white

백조 白鳥
swan

흑백 영화

1 섞여 있는 공을 바구니에 담아 정리하려고 해요. 바구니에 적힌 뜻풀이를 읽고, 공에 쓰인 글자들을 엮어 알맞은 낱말을 써 보세요.

상황이 좋지 않다는 것을 비유해서 나타내는 낱말이에요.

□ □ □

푸른빛을 띠는 고려 시대의 대표적인 자기예요.

□ □

털빛이 흰 말이에요.

□ □

2 밑줄 친 낱말을 보기에 있는 낱말 가운데 하나로 바르게 고쳐 써 보세요.

적신호가 켜졌을 때 횡단보도를 건너라.
□ □ □

이번 달은 수입보다 지출이 많은 **흑자**군.
□ □

순백색의 자기인 **청자**는 너무 아름다워.
□ □

보기   청신호   백자   백조   적자   백호

적신호 vs 청신호

赤(붉을 적) 信(믿을 신)
號(이름 호) 靑(푸를 청)

적신호는 교통 신호의 빨간색 등을 말하는데, 상황이 좋지 않다는 것을 나타내는 의미로도 많이 사용돼요. '건강에 적신호가 켜졌다.'라는 표현은 건강을 조심하라는 경고의 뜻이에요. 반면 **청신호**는 교통 신호의 초록색 등을 말하는데, 앞일이 잘 될 수 있다는 뜻으로도 많이 쓰여요.

적자 vs 흑자

赤(붉을 적) 字(글자 자)
黑(검을 흑)

중세 유럽의 교회에서는 주로 검은 잉크로 수입과 지출을 기록했어요. 하지만 그 당시 잉크가 매우 귀했기 때문에, 형편이 힘들 때는 동물의 붉은 피로 대신 적었지요. 그래서 **흑자**는 수입이 지출보다 많을 때 생기는 이익을 뜻하게 되었고, **적자**는 수입보다 지출이 많아서 생기는 손해를 뜻하게 되었어요.

흑자 났다~! ♪

이번 달은 적자 났어.

청자 vs 백자

靑(푸를 청) 瓷(사기그릇 자)
磁(자석 자) 白(흰 백)

흙으로 빚어 높은 온도에서 구운 그릇을 '자기'라고 해요. 자기는 만드는 재료와 방법에 따라 독특한 색깔을 띠는데, 사람들은 그 색깔을 보고 자기에 이름을 붙였어요. 푸른빛을 띠면 '푸를 청(靑)' 자를 써서 **청자**라고 하고, 흰빛을 띠면 '흰 백(白)' 자를 써서 **백자**라고 했지요. 청자와 백자는 자랑스런 우리 민족의 유산이에요.

흑백

黑(검을 흑) 白(흰 백)

흑백은 검은색(검을 흑, 黑)과 흰색(흰 백, 白)을 가리켜요. '흑백 사진'과 '흑백 영화'는 다른 색 없이 검은 빛깔의 짙음과 옅음으로만 나타낸 사진과 영화예요. 간혹 흑백은 다른 의미로 쓰일 때도 있어요. 만약 '흑백을 가리자.'라고 하면 '옳고 그름을 가리자.'라는 뜻이에요.

백마 / 백호

白(흰 백) 馬(말 마)
虎(범 호)

동물은 저마다 고유한 색깔의 털이나 비늘이 있어요. 그중 겉으로 보이는 색이 아주 선명한 동물들은 그 색을 이름에 넣어 부르지요. 털빛이 흰 말(말 마, 馬)은 **백마**라고 하고 몸이 흰 호랑이(범 호, 虎)는 **백호**라고 불러요. 전설 속에서는 백호가 서쪽을 지킨다고 전해요. 또한 몸이 크고 온몸이 순백색인 고니는 '백조'라고 불러요.

백마

백호

고려청자와 조선백자

　고려청자와 조선백자는 세계에서 인정받은 우리나라의 대표적인 문화재예요. 중국에서 처음 만들어진 청자는 고려에 들어와 더 아름다운 고려청자로 발전하였지요. 고려청자는 독특한 무늬와 신비한 색을 띠고 있어요. 특히 고려청자의 푸른빛(푸를 청, 靑)은 '비색'이라고 구별해서 부를 만큼 신비로워요.

　고려 시대에 고려청자가 있다면, 조선 시대에는 조선백자가 있어요. 조선백자는 흰색(흰 백, 白)의 흙으로 만든 소박하면서도 은은한 기품이 느껴지는 도자기예요. 조선백자는 원래 왕실과 선비들이 주로 사용했는데, 색과 모양이 순박하고 실용적이어서 나중에는 서민들도 널리 사용하게 되었어요.

고려청자의 화려한 문양과 푸른빛이 아름다워!

푸른빛의 고려청자

흰빛의 조선백자

조선백자는 소박하면서도 은은한 기품이 느껴져.

낱말상식 톡

고려청자 중에는 상감 기법으로 화려한 무늬를 새긴 것들이 있어요. '상감'은 도자기 표면에 무늬를 파낸 뒤 흰색이나 붉은색의 흙을 넣어 무늬를 표현하는 방식이지요. 이렇게 만들어진 청자는 '상감 청자'라고 해요.

1 다음 문장의 빈칸에 어울리는 낱말을 선으로 이어 주세요.

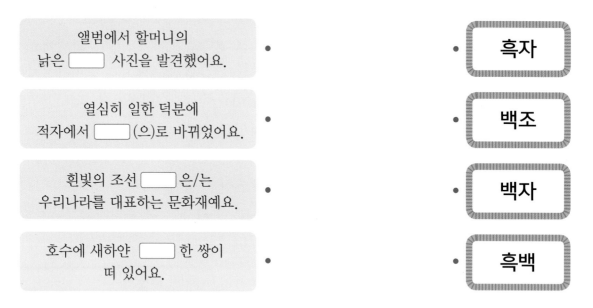

앨범에서 할머니의
낡은 ☐ 사진을 발견했어요.

열심히 일한 덕분에
적자에서 ☐(으)로 바뀌었어요.

흰빛의 조선 ☐ 은/는
우리나라를 대표하는 문화재예요.

호수에 새하얀 ☐ 한 쌍이
떠 있어요.

흑자

백조

백자

흑백

2 속뜻짐작 어떤 낱말을 설명한 것인지 낱말 카드에서 골라 ○ 하세요.

밤에도 어두워지지 않는
것으로, 북극이나 남극
가까운 곳에서 생겨요.

흑야 백야

'흰옷을 입은 민족'이라는
뜻으로, 우리 민족을
이르는 말이에요.

흑백민족 백의민족

3 속뜻짐작 푸른색과 관련이 있는 낱말 카드를 찾아 ○ 하세요.

푸른색을
나타내는 한자를
떠올려 봐.

백마 흑백 청군

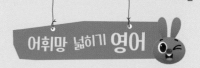
직업을 표현할 때에도 색깔을 이용한다는 사실을 알고 있나요?
어떤 색깔이 어떤 직업과 관계가 있는지 영어로 알아볼까요?

white collar

white collar는 사무실에서 일하는 회사원이나 공무원 등 사무직 노동자를 말해요. 사무실에서 일할 때 주로 양복과 흰 셔츠를 입기 때문에 white collar로 불리게 되었어요. 여기서 collar는 셔츠의 목 부분에 있는 깃을 가리켜요.

blue collar

blue collar는 작업장에서 일하는 노동자를 통틀어 말해요. blue collar는 이 일을 하는 노동자들의 작업복이 주로 청색이어서 white collar와 대비해 생겨났지요. 더 자세히는 'blue collar worker'라고 해요. worker는 '노동자'를 가리키지요.

gold collar

gold collar는 지식과 정보를 다루는 사람들 중에서 창의적인 일을 해서 크게 성공한 사람들을 가리켜요. 컴퓨터 프로그래머가 대표적인 gold collar 직업이랍니다.

3주 3일
학습 끝!

붙임 딱지 붙여요.

QR 찍고 발음 듣기

색(色) 관련 말 찾기

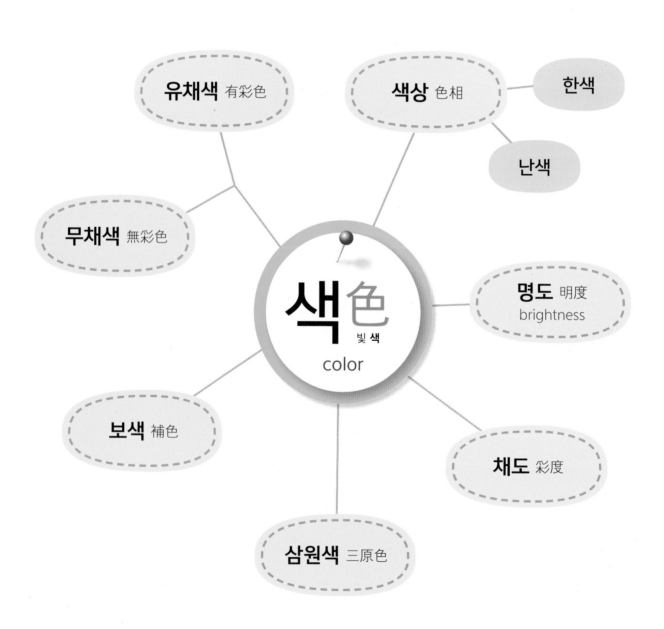

유채색 有彩色

색상 色相 — 한색 / 난색

무채색 無彩色

색 色
빛 색
color

명도 明度 brightness

보색 補色

채도 彩度

삼원색 三原色

1 색깔 요정이 동물 친구들에게 색깔을 선물했어요. 동물 친구들을 보고, 색깔을 나타내는 낱말 가운데 어느 것과 관련이 있는지 선으로 이어 보세요.

섞었을 때 흰색이나 검은색이 되는 반대색이야. •

• 보색

검정, 하양, 회색을 제외한 색이야. •

• 한색

색의 맑고 탁한 정도야. •

• 명도

파랑, 남색처럼 차가운 느낌의 색이야. •

• 유채색

색의 밝고 어두운 정도를 가리켜. •

• 채도

빨강, 주황처럼 따뜻한 느낌의 색이야. •

• 난색

파란 하늘, 분홍 꽃 등 색은 어떤 것이 띠는 빛깔이에요. 색의 세상에는 우리가 모르는 것들이 아주 많지요. 지금부터 색의 놀라운 비밀과 함께 다양한 낱말을 배워 볼까요?

무채색 VS 유채색
無(없을 무) 彩(채색 채)
色(빛 색) 有(있을 유)

무채색과 유채색은 각각 '채색이 없는(없을 무, 無) 것'과 '채색이 있는(있을 유, 有) 것'을 가리켜요. 흰색, 회색, 검은색은 고운 빛깔(채색 채, 彩)은 없고 밝고 어두운 정도만 가지고 있어서 **무채색**이라고 해요. 반면 무채색을 제외한 나머지 색들은 다양한 고운 빛깔이 있어서 **유채색**이라고 하지요.

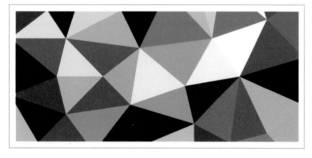

무채색

유채색

색상
色(빛 색) 相(서로 상)

색상은 빨강, 파랑, 노랑과 같이 어떤 것이 띠는 빛깔(빛 색, 色)을 가리켜요. 같은 의미의 낱말로 '색'과 '색깔'이 있지요. 색상을 말할 때에는 느낌으로 표현하기도 해요. 빨강, 노랑처럼 따뜻한 느낌의 색은 '따뜻할 난(暖)' 자를 써서 '난색'이라고 하고, 파랑처럼 차가운 느낌의 색은 '찰 한(寒)' 자를 써서 '한색'이라고 해요.

명도
明(밝을 명) 度(법도 도)

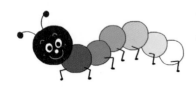

명도는 색의 밝고(밝을 명, 明) 어두운 정도를 말해요. 우리가 흔히 '어두운 갈색', '밝은 노란색'이라고 표현하는 것은 명도를 말하는 거예요. 그런데 명도는 주위에 있는 색에 따라 더 밝아 보이기도 하고 어두워 보이기도 해요. 예를 들어 같은 회색이라도 흰색 바탕에서는 어둡게 보이고, 검은색 바탕에서는 더 밝게 느껴진답니다.

채도
彩(채색 채) 度(법도 도)

채도는 색(채색 채, 彩)의 맑고 탁한 정도를 가리켜요. 그래서 색상이 있는 유채색에만 채도가 있지요. 같은 색이어도 다른 색이 전혀 섞이지 않아 맑은 빛을 띠면 채도가 높고, 다른 색이 섞여 탁하면 채도가 낮다고 해요. 채도가 높으면 선명하게 보이고, 채도가 낮으면 탁하게 보여요.

채도가 높은 색

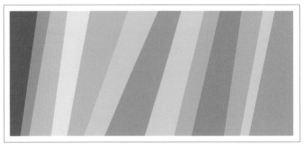

채도가 낮은 색

삼원색
三(석 삼) 原(언덕/근본 원)
色(빛 색)

삼원색은 색(빛 색, 色)의 바탕(근본 원, 原)이 되는 세 가지(석 삼, 三) 색이에요. 삼원색을 다양한 비율로 섞으면 여러 가지 색을 만들 수 있어요. 그런데 색의 삼원색과 빛의 삼원색은 달라요. 색의 삼원색은 빨강, 파랑, 노랑이고, 빛의 삼원색은 빨강, 초록, 파랑이에요.

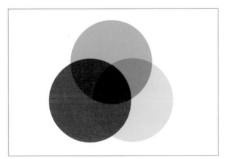

색의 삼원색

빛의 삼원색

보색
補(기울/도울 보) 色(빛 색)

보색은 다른 색상의 두 빛깔을 섞었을 때 흰색이나 검은색이 되는 색이에요. 고유어로 '반대색'이라고 하지요. 주황과 파랑, 빨강과 청록, 연두와 보라, 노랑과 남색이 바로 보색이에요. 보색인 두 색을 가까이 놓으면 상대 색을 더 선명하고 강하게 보이게 해요.

1 다음 낱말을 보고, 관련된 낱말을 보기 에서 골라 빈칸에 써 보세요.

① 반대색 → 연두-보라 → 주황-파랑 → ☐ ☐

② 맑음. → 탁함. → 유채색 → ☐ ☐

③ 한색 → 난색 → 색깔 → ☐ ☐

보기   색상   채도   보색

2 그림에 어울리는 낱말과 뜻풀이를 찾아 선으로 연결해 주세요.

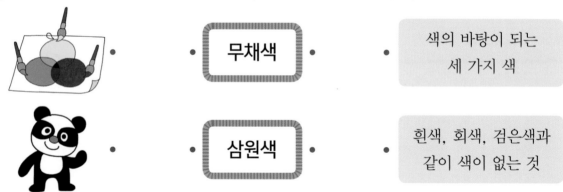

무채색 • • 색의 바탕이 되는 세 가지 색

삼원색 • • 흰색, 회색, 검은색과 같이 색이 없는 것

3 속뜻 짐작 밑줄 친 낱말 중 '빛 색(色)' 자가 들어가지 않은 낱말은 무엇일까요? ( )

① 그 가수의 **음색**은 아주 부드러워.

② 문화재에 대해 알고 싶어서 컴퓨터로 **검색**해 보았어.

③ 오늘따라 네 **안색**이 어둡구나.

'색(色)' 자에는 빛, 색, 모양 등의 뜻이 있어.

100

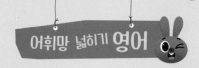

영어에는 열매 이름이 그대로 색깔 이름이 된 경우가 있어요.
색깔을 나타내는 단어 중 열매의 이름에서 따온 단어를 알아볼까요?

orange

과일 이름에서 따온 대표적인 색깔 중 하나가 orange예요. 오렌지의 색깔과 같은 '주황색'을 영어로 orange라고 해요.

plum

자두는 진한 자줏빛을 띠어요. 그래서 영어에서도 '진한 자주색'을 자두를 가리키는 plum이라고 해요.

peach

peach는 '복숭아'예요. 잘 익은 복숭아는 연한 분홍색을 띠지요. 그래서 '연분홍색'을 나타낼 때에는 복숭아를 뜻하는 peach를 그대로 사용해요.

eggplant

'진한 보라색'을 가리킬 때에는 eggplant라고 해요. eggplant는 진한 보라색을 띠는 '가지'를 뜻하기도 해요.

3주 4일
학습 끝!

붙임 딱지 붙여요.

olive

올리브 열매와 같은 색은 olive라고 해요. 올리브 열매의 누런 빛을 띤 초록색은 우리말로 '올리브색, 황록색'이라고 해요.

apricot

연노랑에 주황이 섞인 '살구색'은 apricot이라고 해요. apricot은 '살구'를 가리키기도 해요.

QR 찍고 발음 듣기

지형(地形) 관련 말 찾기

방위

지형도 地形圖

등고선

축척

산맥 山脈
mountain chain

동고서저

분지 盆地

지형 地形
땅지 모양형

평야 平野
plain

고원 高原
plateau

해안 海岸
coast

만

곶

반도

1 물감 통에 쓰인 뜻풀이에 맞는 낱말을 찾아 물감과 같은 색으로 칠해 보세요. 어떤 그림이 나타날까요?

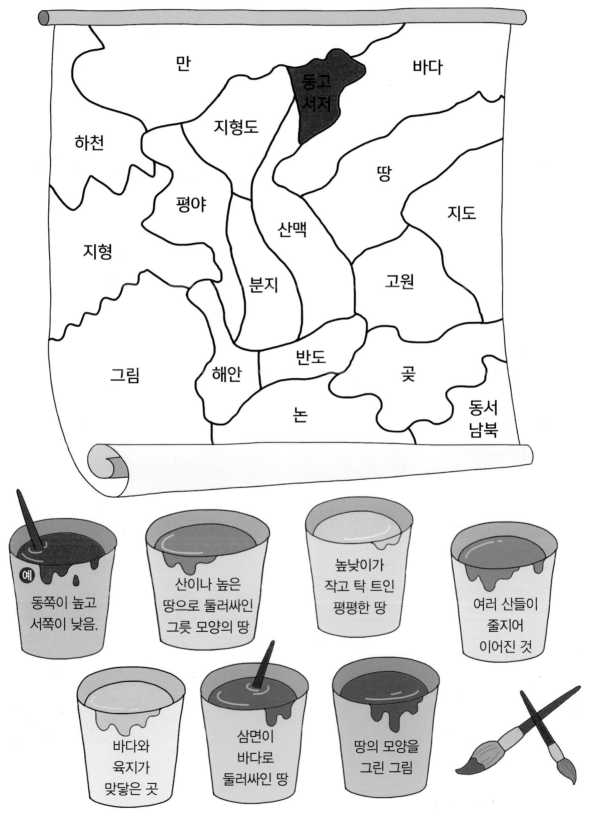

'지형'은 땅의 생김새예요. 울퉁불퉁한 산, 구불구불한 강과 넓은 평야, 바닷가에 자리한 해변과 절벽 등이 모두 지형이지요. 땅의 생김새를 어떻게 나타내는지 알아보고, 지형과 관련한 여러 가지 낱말들을 살펴보아요.

지형도
地(땅 지) 形(모양 형)
圖(그림 도)

지형도는 땅(땅 지, 地)의 모양(모양 형, 形)과 땅 위의 사물들을 그린 그림(그림 도, 圖)이에요. 지형도에는 마을과 길, 논밭이나 건물 등이 모두 그려져 있지요. 지형도를 그릴 때는 방위, 등고선, 축척, 기호 등을 나타내요. '방위'는 동서남북을 나타내고 '등고선'은 산과 건물 등의 높낮이를, '기호'는 땅 위의 사물들을 간단히 나타낸 거예요. 또한 '축척'은 실제 거리를 줄인 비율이에요.

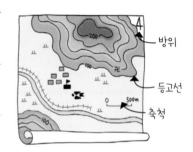

산맥
山(산 산) 脈(맥 맥)

산(산 산, 山)들이 줄을 지어 이어져 있는 것을 **산맥**이라고 해요. '맥(脈)' 자는 기운이나 힘을 뜻하지요. 우리나라의 가장 긴 산맥은 강원도에서 경상도까지 남북으로 길게 뻗은 '태백산맥'이에요. 높은 산들이 우리나라의 동쪽에 많아 우리나라의 지형은 동쪽이 높고(높을 고, 高) 서쪽이 낮은(낮을 저, 低) '동고서저'의 특징을 보여요.

평야
平(평평할 평) 野(들 야)

'평평할 평(平)' 자와 '들 야(野)' 자를 합친 **평야**는 높낮이가 거의 없고 탁 트인 너른 들판을 가리켜요. 평야는 강의 하류에 생기는 지형인데, 강물이 운반해 온 모래나 흙이 쌓여 만들어져요. 평야는 평평하고 기름져서 농사를 짓기도 좋고, 사람이 살기도 좋아요.

농사에 이용되는 평야 지대

도시가 발달한 평야 지대

해안
海(바다 해) 岸(언덕 안)

바다와 육지가 맞닿은 곳을 '바다 해(海)' 자와 '언덕 안(岸)' 자를 써서 해안이라고 해요. 바다가 육지 쪽으로 쑥 들어간 해안은 '만'이라고 하고, 반대로 육지가 바다 쪽으로 불쑥 나와 있는 땅은 '곶'이라고 해요. 우리나라는 삼면이 바다로 둘러싸여 있는데, 이런 지형은 '반 반(半)' 자와 '섬 도(島)' 자를 써서 '반도'라고 해요.

바다가 육지 쪽으로 들어간 '만'의 모습

육지가 바다 쪽으로 튀어나온 '곶'의 모습

고원
高(높을 고) 原(언덕/근본 원)

고원은 높은(높을 고, 高) 곳에 있는 언덕(언덕 원, 原), 즉 높은 곳에 있는 평평한 땅을 가리켜요. 어떻게 높은 곳에 평평한 땅이 생겼을까요? 고원은 원래 평평했던 땅이 점점 높아지면서 만들어진 거예요. 고원에서는 농사를 짓기도 하고 초원에 커다란 목장을 만들기도 하지요. 대부분의 고원은 교통이 불편하여 사람이 살기 힘들지만, 몽골과 티베트의 고원은 도시가 만들어질 정도로 크고 넓어서 많은 사람들이 모여 살아요.

분지
盆(동이 분) 地(땅 지)

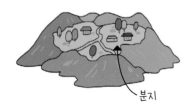

분지

분지는 평야보다 높은 곳에 있으며 주위가 산이나 높은 땅으로 둘러싸여 있는 오목한 그릇(동이 분, 盆) 같은 땅(땅 지, 地)이에요. '동이 분(盆)'의 '동이'는 그릇을 뜻하지요. 분지는 겨울에는 춥고 여름에는 매우 더워요. 우리나라에서는 대구 지역이 대표적인 분지 지형이지요. 분지는 고유어로 '함지땅'이라고 해요.

1 문장의 빈칸에 들어갈 낱말을 보기 에서 골라 쓰세요.

땅의 모양을 그린 지도인 ☐☐☐ 을/를 보면

강원도에는 평평한 땅이 넓게 펼쳐진 ☐☐ 이/가 거의 없다.

반면에 높은 산들이 줄지어 늘어선 태백 ☐☐ 이/가

해안과 나란히 자리 잡고 있다.

> 보기   산맥   만   지형도   평야

2 다음 설명에 맞는 낱말을 찾아 ○ 하세요.

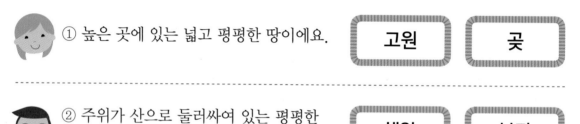

① 높은 곳에 있는 넓고 평평한 땅이에요.   고원   곶

② 주위가 산으로 둘러싸여 있는 평평한 땅으로, 오목한 그릇을 닮았어요.   해안   분지

3 속뜻 짐작 우리나라 지형에 대해 이야기를 나누고 있어요. ( ) 안에서 알맞은 낱말을 골라 ○ 하세요.

① 동쪽은 높고 서쪽은 낮은 (동고서저 / 동저서고) 지형이야.

② 삼면이 바다로 둘러싸여 있는 (평지 / 반도)야.

③ 그래서 (해안선 / 등고선)이 길고 잘 발달되어 있어.

산, 바다, 강, 산맥 등 땅의 모양은 복잡하고 다양해요.
우리나라의 지형을 영어로 어떻게 표현하는지 알아볼까요?

Gaema Plateau

plateau는 해발 600미터 이상에 있는 넓은 벌판을 뜻해요. '개마고원'은 우리나라에서 가장 높고 넓은 고원으로, '한반도의 지붕'이라고 불려요.

mountains

산맥은 여러 산들이 늘어선 지형이에요. 그래서 mountain에 여럿의 뜻이 있는 '-s'를 붙여요. '태백산맥'은 영어로 Taebaek Mountains라고 해요.

Daegu Basin

basin은 '분지'예요. 산으로 둘러싸여 있는 평평한 Daegu Basin은 우리나라의 대표적인 분지인 '대구 분지'예요.

Dokdo Island

'독도'는 섬(island)이어서 영어로는 Dokdo Island라고 해요.

Honam Plain

우리나라에서 가장 큰 평야는 '호남평야'예요. plain은 '평야'를 가리켜요.

Korean Peninsula

우리나라는 '한반도'라고 불리기도 해요. peninsula는 삼면이 바다인 '반도'를 가리켜요.

Yeongil Bay

해돋이로 유명한 호미곶이 있는 '영일만'은 영어로 Yeongil Bay라고 해요. bay는 '만'이에요.

개마고원

태백산맥

독도

대구 분지

영일만(호미곶)

3주 5일
학습 끝!

붙임 딱지 붙여요.

QR 찍고 발음 듣기

새 사람이 되는 '개과천선'

진나라에 '주처'라는 사람이 있었어요.
그는 열 살 때 아버지가 돌아가셨지요.

비뚤어질 테다!!!

덜덜

그 후 주처는 소문난 사고뭉치가 되었어요.

에잇! 다 싫어!!!

쨍그랑

저 녀석 또 나타났군.

나를 무시하는 녀석은 가만두지 않겠어!

내가 언제 무시했어? 엉엉.

점점 더 포악해지네.

세월이 흘러, 주처도 나이가 들었어요.
주처는 지난날의 잘못을 크게 뉘우쳤지요.

저를 용서해 주세요.

?!   ?!   ?!

하지만 사람들은 그의 말을 믿지 않았어요.

흥, 너를 믿느니 저 개를 믿겠다.

지……, 진짜라고요!

그때 한 노인이 그에게 다가왔어요.

만일 남산에 사는 호랑이와 장교 밑에 사는 용을 죽인다면 믿어 주지.

정말요?

개과천선(고칠 개 改, 지날 과 過, 옮길 천 遷, 착할 선 善):
지난날의 잘못을 고쳐서 올바르고 착하게 된다는 뜻이에요.

토잉이와 함께
끝까지 해 보자고!

PART 3

PART3에서는 소리나 뜻이 비슷해서
헷갈리기 쉬운 낱말들을 비교하며 배워요.

지(地), 지(紙), 지(止) 비교하기

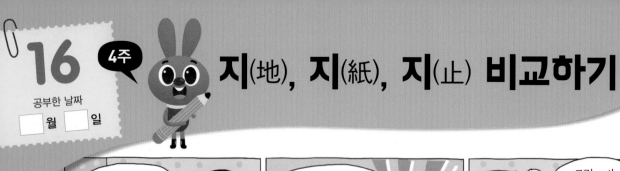

지면 紙面 paper

지면 地面 the ground

벽지 壁紙 wallpaper

산간벽지 山間僻地

제지 製紙

地 땅 지 earth

紙 종이 지 paper

지

止 그칠 지 stop

제지 制止

금지 禁止

해지 解止 cancel

지혈 止血

방지 防止 prevent

1 박물관의 보석이 사라졌어요. 밑줄 친 낱말에 들어 있는 한자를 따라가면 보물을 훔친 범인을 찾을 수 있어요.

지면 vs 지면

地(땅 지) 面(낯 면)
紙(종이 지)

'땅 지(地)' 자가 있는 **지면**은 땅바닥을 뜻해요. '눈이 와서 지면이 미끄러워요.'와 같이 쓰지요. 하지만 '종이 지(紙)' 자가 있는 **지면**은 종이의 겉면이나 글 또는 사진이 실리는 인쇄 면을 뜻해요. 이때는 '지면에 글이 실렸어요.'와 같이 써요.

산간벽지 vs 벽지

山(산 산) 間(사이 간)
僻(후미질 벽) 地(땅 지)
壁(벽 벽) 紙(종이 지)

이 벽지는 어디서 구하셨어요?

난 산간벽지에서 전학 왔어.

'땅 지(地)' 자가 있는 '벽지'는 외따로 있는 후미진 곳이고, **산간벽지**는 산속의 구석지고 외딴 곳이에요. 그런데 '벽지를 새로 발랐어요.'와 같이 벽에 바르는 종이도 **벽지**라고 해요. 이때의 벽지는 '벽 벽(壁)' 자와 '종이 지(紙)' 자를 합쳐 써요.

제지 vs 제지

製(지을 제) 紙(종이 지)
制(마를/법도 제) 止(그칠 지)

'종이 지(紙)' 자가 있는 **제지**는 종이를 만드는(지을 제, 製) 것을 가리켜요. 반면 '그칠 지(止)' 자가 있는 **제지**는 어떤 일을 못하게 가로막는 것을 뜻해요. 이때의 제지는 '금지'와 비슷한 의미를 갖고 있어요. 한편 '방지'는 '막을 방(防)' 자를 써서, 어떤 일이 일어나기 전에 막는 것을 말해요.

지혈

止(그칠 지) 血(피 혈)

지혈은 흘러나오는 피를 멎게 하는 것으로, '그칠 지(止)'와 '피 혈(血)' 자를 합쳐 놓은 글자예요. 반대로 피가 나는 것은 '날 출(出)' 자를 써서 '출혈'이라고 해요.

해지

解(풀 해) 止(그칠 지)

해지는 계약을 풀고(풀 해, 解) 그만둔다(그칠 지, 止)는 의미를 가지고 있어요. 계약을 한 뒤에 한쪽의 의견에 따라 계약을 끝낼 때 '계약을 해지하다.'와 같이 말해요.

금지하는 풍습들

옛날에 우리 조상들은 일상생활 속에서 몇 가지 금지하는 일들이 있었어요. '밥을 먹을 때에는 말을 하면 안 된다.', '문지방을 밟지 마라.', '밤에 휘파람을 불지 마라.', '밤에 손톱을 깎지 마라.' 등 해서는 안 될 일들이 많았지요. 이렇게 마음에 꺼려 피하는 것을 '금기(금할 금 禁, 꺼릴 기 忌)'라고 해요. 옛날 풍습 가운데 금기와 관련된 것들을 살펴볼까요?

금줄

옛날에는 마을 입구나 집의 대문에 금줄을 걸어 놓았어요. 이 금줄은 마을이나 집 안으로 나쁜 것이 들어오지 못하게 막는 의미가 있었지요. 특히 아이를 낳은 집에는 대문에 금줄을 달았는데, 이 금줄은 그 집 식구 외에 다른 사람들의 출입을 금지한다는 뜻이었어요. 다른 사람이 들락거리면 삼신할머니가 화가 나서 아이에게 해를 끼친다고 믿었거든요.

쓰개치마

조선 시대에는 머리에 쓰고 다니는 치마가 있었어요. 바로 '쓰개치마'예요. 조선 시대의 양반집 여자들은 외출할 때 낯선 남자에게 얼굴을 보이면 안 되었어요. 그래서 길을 다닐 때 쓰개치마로 얼굴을 가리고 다녔지요. 쓰개치마는 치마와 같은 모양이지만, 길이가 짧고 주름을 잡아 만들었어요.

1 다음 낱말 중에서 '종이'와 관련이 있는 낱말을 찾아 ○ 하세요.

금지

지혈

산간벽지

신문 지면

2 밑줄 친 낱말에 쓰인 한자를 찾아 선으로 이어 주세요.

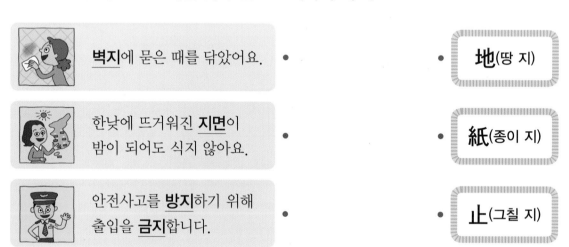

벽지에 묻은 때를 닦았어요.

한낮에 뜨거워진 **지면**이 밤이 되어도 식지 않아요.

안전사고를 **방지**하기 위해 출입을 **금지**합니다.

地(땅 지)

紙(종이 지)

止(그칠 지)

3 속뜻 짐작 밑줄 친 낱말에 들어가지 않는 한자는 무엇일까요? (　　　)

오늘 미술 시간에는 각자 하고 싶은 활동을 하세요.

나는 **색지**로 종이접기를 할 거야.

나는 **한지**로 꽃을 만들 거야.

나는 **지구** 모형을 만들 거야.

① 地(땅 지)　　　② 紙(종이 지)　　　③ 止(그칠 지)

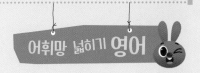

요즘에는 종이 지도가 없어도 길을 찾을 수 있는 장치들이 있어요.
어떤 것들이 있는지 영어로 알아볼까요?

navigation

요즘에는 운전을 해서 처음 가는 길이어도 걱정이 없어요. 바로 내비게이션 덕분이지요. 내비게이션은 '항해, 인도'라는 뜻의 영어 단어인 navigation에서 따온 말로, navigation system이 보다 정확한 말이에요. 내비게이션은 화면에 목적지까지 가는 길을 보여 주어 운전을 도와주지요. 우리말로 바꾸면 '길도우미', '길안내기'로 표현할 수 있어요.

It's convenient to use a navigation system.
(내비게이션을 이용하는 게 편해.)

4주 1일 학습 끝!

붙임 딱지 붙여요.

GPS

요즘은 휴대 전화를 사용하는 친구가 많지요? 휴대 전화를 가지고 있으면 부모님이 내가 어디에 있는지 쉽게 알 수가 있어요. 우리가 들고 다니는 휴대 전화에 GPS(지구 위치 측정 시스템)라는 게 있거든요. GPS는 Global Positioning System의 약자로, 인공위성에서 위치 정보를 받아 알려 주는 시스템이에요. 사람이나 자동차의 정확한 위치를 GPS가 인공위성을 통해 알아낸 다음, 휴대 전화나 내비게이션으로 신호를 보내 표시해 주어요.

QR 찍고 발음 듣기

형(型), 형(刑), 형(兄) 비교하기

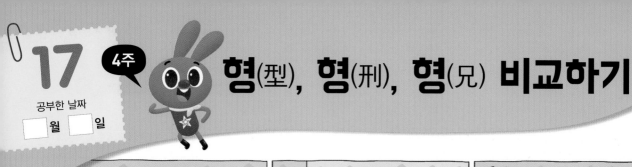

구형 舊型
old style

구형 求刑

형틀 型-
mold

형틀 刑-
rack

型
틀/본보기 형

형
刑
형벌 형

혈액형 血液型
blood type

처형 處刑

兄
맏 형

형부 兄夫
brother-in-law

처형 妻兄
sister-in-law

1 밑줄 친 낱말 중에서 '형' 자에 담긴 뜻이 다른 낱말을 찾아 ○ 하세요.

우리 차는 **구형**이에요.

그 범인에게 5년형이 **구형**되었어요.

옛날에는 벌을 받는 **형틀**이 있었대요.

2 그림을 보고, 빈칸에 들어갈 낱말을 보기에서 찾아 써 보세요.

① 내 ☐은/는 O형이야.

나는 B형인대.

☐☐☐

② 언니가 결혼하면 내게 ☐이/가 생겨.

☐☐

③ 녹인 걸 원하는 ☐에 부어서 모양을 만들어.

☐☐

보기   혈액형   형틀   처형   형부

구형 vs 구형
舊(옛 구) 型(틀/본보기 형)
求(구할 구) 刑(형벌 형)

'틀/본보기 형(型)' 자가 들어간 **구형**은 나온 지 오래되어(옛 구, 舊) 물건의 모양이 시대에 뒤떨어진 물건이에요. '구형 자동차', '구형 냉장고', '구형 휴대 전화' 등으로 쓰지요. 소리가 같은 낱말로, 죄를 지은 사람에게 징역형, 벌금형 등 어떤 형벌을 내려달라고 요청하는 **구형**도 있어요. 이때는 '구할 구(求)' 자에 '형벌 형(刑)' 자를 써요.

형틀 vs 형틀
型(틀/본보기 형) 刑(형벌 형)

'틀/본보기 형(型)' 자가 들어간 **형틀**은 만들려는 물건의 모양대로 속이 비어 있어서 같은 모양을 만들 수 있는 틀이에요. 반면 '형벌 형(刑)' 자가 들어간 **형틀**은 옛날에 죄인을 신문할 때 앉히던 기구예요.

처형 vs 처형
處(곳/살 처) 刑(형벌 형)
妻(아내 처) 兄(맏 형)

'형벌 형(刑)' 자가 있는 **처형**은 죄를 지은 사람에게 형벌을 내리는 것을 말해요. 비슷한말로 '처벌'이 있지요. 반면 '맏 형(兄)' 자가 있는 **처형**은 남자가 아내(아내 처, 妻)의 언니를 부르는 호칭이에요. 반대로 여자는 여동생의 남편에게 '아우 제(弟)' 자에 '남편 부(夫)' 자를 합쳐 '제부'라고 부르지요.

혈액형
血(피 혈) 液(진액 액)
型(틀/본보기 형)

혈액형은 사람의 피(피 혈, 血)를 몇 가지 특징에 따라 나눈 것이에요. 피를 분류하는 방식 가운데 가장 널리 사용되는 것이 ABO식 혈액형이에요. ABO식 혈액형 분류는 혈액형을 A형, B형, O형, AB형 네 가지로 나누어요.

형부
兄(맏 형) 夫(남편 부)

여자는 언니(맏 형, 兄)의 남편(남편 부, 夫)을 **형부**라고 불러요. 남자는 아내의 여동생을 '아내 처(妻)' 자에 '아우 제(弟)' 자를 붙여 '처제'라고 부르지요. 하지만 결혼한 가족들 사이에 부르는 호칭은 최근 좀 더 평등하고 좋은 방향으로 고쳐 나가자는 논의가 이루어지고 있어요.

혈액형과 수혈

사람들은 혈액형이 서로 다르다는 것을 어떻게 알았을까요? 혈액형은 수혈에 대해 연구를 하다가 밝혀 냈다고 해요. '수혈'은 다치거나 몸이 아파 피가 모자라는 사람에게 건강한 사람의 피를 넣어 주는(보낼 수, 輸) 것이에요. 혈액형이 다양하다는 사실을 몰랐던 옛날에는 많은 사람들이 수혈을 받고 죽기도 했어요. 서로 다른 혈액형의 피가 섞이면 피가 굳어 버려 죽을 수 있거든요. 이후 연구를 거듭한 끝에 사람들의 피가 서로 다른 성질을 가지고 있다는 것을 발견하게 되었답니다. 그럼 어떤 혈액형끼리 피를 줄 수 있는지 알아볼까요?

〈수혈이 가능한 혈액형〉

우리가 흔히 알고 있는 혈액형은 ABO식 혈액형이에요. A형, B형, AB형, O형으로 나누어지지요. 수혈을 할 때 같은 혈액형끼리는 서로 안전하게 할 수 있어요. 다만 O형은 혈액형이 다른 사람에게 수혈을 해 줄 수 있지만 안타깝게도 받을 수는 없어요. 반대로 AB형은 다른 혈액형에게 수혈을 받을 수 있지만 줄 수는 없어요. 화살표를 보면 수혈이 가능한 혈액형을 알 수 있어요.

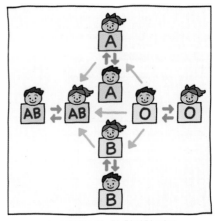

▲ 수혈이 가능한 혈액형 지도

1 그림을 보고, 빈칸에 공통으로 들어갈 낱말을 찾아 색칠해 보세요.

| 처형 | 구형 | 형부 | 혈액형 |

2 밑줄 친 낱말 중에서 '모양'의 뜻이 들어 있는 낱말은 무엇일까요? (   )

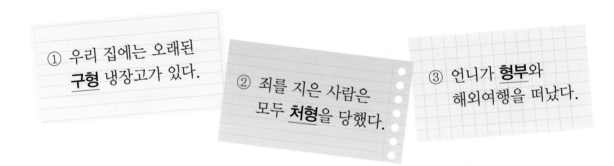

① 우리 집에는 오래된 **구형** 냉장고가 있다.

② 죄를 지은 사람은 모두 **처형**을 당했다.

③ 언니가 **형부**와 해외여행을 떠났다.

3 속뜻짐작 사진에 대한 선생님의 설명을 읽고, 알맞은 낱말에 ○ 하세요.

죄인에게 자백을 받거나 벌을 줄 때 쓰던 도구예요.

| 형태 | 형틀 |

일본이 우리나라를 침략했을 때 독립군을 가둔 감옥이었어요.

| 형무소 | 형수 |

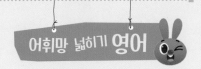

실제 모습을 그대로 옮겨 놓은 모형의 세계는 무궁무진해요.
다양한 종류의 모형을 어떻게 부르는지 알아볼까요?

figure

figure(피규어)는 영화나 만화, 게임에서 보았던 인기 캐릭터를 작은 인형으로 만든 것이에요. figure는 '모습, 생김새'를 뜻하는 단어인데, 인기 주인공의 모습을 작게 본떠 만든 인형을 부를 때도 써요. 좀 더 정확하게는, 다양한 동작을 표현할 수 있도록 관절을 움직일 수 있게 만든 사람이나 동물을 본뜬 모형 장난감을 가리켜요.

▲ 미국의 유명한 가수이자 배우인 엘비스 프레슬리의 피규어

4주 2일
학습 끝!

붙임 딱지 붙여요.

miniature

'본뜰 모(模)' 자에 '틀/본보기 형(型)' 자가 합쳐진 모형은, 말 그대로 실제 물건을 본떠 비슷하게 만든 거예요. 이런 모형 중에서도 실제보다 작지만 아주 정교하게 만든 것을 miniature(미니어처)라고 해요. 그래서 미니어처는 '축소 모형'이라고 부르기도 하지요.

diorama

박물관에서 작은 모형들로 만든 전시물을 본 적이 있나요? 이것이 diorama(디오라마)예요. 옛날에는 이동식 극장 장치를 의미했지만, 현재는 미니어처로 만들어진 모형을 배경과 함께 설치한 것을 diorama라고 해요.

QR 찍고 발음 듣기

소리가 같은 말 구분하기

동지
冬(겨울 동) 至(이를 지)

어머니는 **동지**에 팥죽을 끓여 주셨다.
오늘은 일 년 중 낮이 가장 짧은 **동지**이다.

동지는 우리나라의 24절기 가운데 하나로, 겨울(겨울 동, 冬)이 되었다고(이를 지, 至) 알려 주는 절기예요. 보통 12월 22일이나 23일경이며, 일 년 가운데 낮이 가장 짧고 밤이 가장 길지요. '동지 때 개딸기'라는 속담이 있는데, 이 말은 구할 수 없는 것을 바란다는 뜻이에요. 동지에는 귀신을 쫓으려고 붉은빛이 도는 팥죽을 먹는 풍습이 있어요.

동지
同(한가지 동) 志(뜻 지)

절대로 **동지**를 배신하면 안 된다.
과거에는 적이었지만 이제는 **동지**다.

동지는 목적이나 뜻(뜻 지, 志)이 서로 같은(한가지 동, 同) 사람을 의미해요. 비슷한말로는 '동료', '친구', '동무' 등이 있지요. 하지만 동지는 동료나 친구, 동무보다 좀 더 정신적으로 끈끈한 사람을 가리켜요. 그래서 독립운동이나 민주 항쟁처럼 하나의 목표를 향해 목숨을 걸고 나아가는 사람들을 동지라고 하지요. 그러다 보니 동지라는 말은 일상생활에서 많이 사용하지 않아요.

부자
父(아버지 부) 子(아들 자)

우리 **부자**는 쉬는 날마다 수영장에 간다.
아침잠이 많은 것까지 **부자**가 꼭 닮았다.

부자는 아버지를 뜻하는 '아버지 부(父)' 자와 아들을 뜻하는 '아들 자(子)' 자를 합쳐 아버지와 아들을 뜻해요. 그렇다면 아버지와 딸은 뭐라고 할까요? 이때는 '아버지 부(父)' 자와 딸이라는 뜻이 있는 '여자 녀/여(女)' 자를 합쳐 '부녀'라고 해요. 반면 어머니와 아들은 어머니를 뜻하는 '어머니 모(母)' 자와 '아들 자(子)' 자를 합쳐 '모자'라고 하고, 어머니와 딸은 '어머니 모(母)' 자와 '여자 녀/여(女)' 자를 합쳐 '모녀'라고 불러요.

부자
富(부자 부) 者(사람 자)

우리는 **부자**가 아니어도 행복하다.
그는 우리 동네에서 가장 **부자**이다.

'부자 부(富)' 자와 '사람 자(者)' 자를 합친 **부자**는 재산이 많은 사람을 뜻해요. 하지만 요즘은 책이 많은 '책 부자', 딸이 많은 '딸 부자', 흥이 많은 '흥 부자'처럼 돈 외에 다른 가치들과 엮어 사용하기도 하지요. 부자와 반대의 의미로 쓰는 낱말에는 '가난할 빈(貧)' 자가 들어간 '빈민'이 있어요.

소리가 같은 말을
잘 들어 봐!

동시
同(한가지 동) 時(때 시)

두 사람이 **동시**에 자리에서 일어났다.
내 동생은 가수인 **동시**에 배우이다.

동시는 '한가지 동(同)' 자에 '때 시(時)' 자가 합쳐진 낱말로, 같은 때나 같은 시기를 뜻해요. 사건이 같은 때 일어나면 '동시에 일어난 사건'이라고 하지요. 그런데 두 가지 사실을 겸할 때에도 '동시에'라는 말을 써요. 가수이면서 배우까지 하면 '가수인 동시에 배우'라고 하지요. 결혼해서 아이를 낳은 여자는 '엄마인 동시에 아내'가 되고, 여러분은 '학생인 동시에 아들이나 딸'이 된답니다.

동시
童(아이 동) 詩(글 시)

오늘 숙제는 **동시**를 한 편 쓰는 것이다.
이 책에는 많은 **동시**가 실려 있다.

'아이 동(童)' 자와 '글 시(詩)' 자를 합친 **동시**는 아이가 지은 시나 어른이 아이를 위하여 쓴 시예요. 동시는 아이들이 이해할 수 있는 말과 감정을 담고 있지요. 윤극영의 '반달'이나 윤석중의 '달 따러 가자' 등이 바로 동시예요. 동시처럼 아이들을 위해 쓴 이야기도 있어요. '아이 동(童)' 자와 '말씀 화(話)' 자를 합친 '동화'예요. 안데르센이 지은 〈인어 공주〉나 〈성냥팔이 소녀〉 등이 바로 동화예요.

사과
沙(모래 사) 果(과실 과)

할아버지 과수원에서 **사과**를 땄다.
사과가 아주 맛있게 익었다.

사과는 '모래 사(沙)' 자와 '과실 과(果)' 자를 합친 말로, 한자만으로는 그 의미를 알 수 없어요. 사과는 사과나무의 열매로 중국에서 들여온 과일이에요. 그래서 원산지에서 부르던 이름을 소리만 본떠 사과라고 부르게 되었어요. 일본 사람들이 다른 나라에서 들여온 사이더(cider, 사과즙을 발효시켜 만든 술)를 소리만 흉내 내어 '사이다'라고 이름을 만든 것처럼요. 사과는 보통 빛깔이 붉거나 초록색이고 맛은 시면서 달아요.

사과
謝(사례할 사) 過(지날 과)

엄마께 잘못을 **사과**하고 용서를 빌었다.
너는 실수를 하고 **사과**도 안 하니?

'미안해, 내가 사과할게.'와 같이 쓰이는 **사과**는 사과나무 열매인 사과와 소리는 같으나 뜻이 달라요. 지난 잘못이나 실수를 인정하고 미안하다고 용서를 비는 것이지요. 사과에 들어 있는 '사례할 사(謝)' 자에는 잘못을 빈다는 뜻이 있어요. 사과와 비슷한말로는 '사죄'가 있는데, 사죄는 지은 죄(허물 죄, 罪)에 대하여 용서를 비는 것이에요.

1 밑줄 친 '동지'의 알맞은 뜻을 찾아 차례대로 번호를 쓰세요. (,   )

① 24절기 가운데 하나로 낮이 가장 짧고 밤이 가장 긴 날

② 목적이나 뜻이 서로 같은 사람

③ 나이가 비슷하거나 가깝게 오래 사귄 사람

④ 24절기 가운데 하나로 낮이 가장 길고 밤이 가장 짧은 날

2 문장에 알맞은 그림을 찾아 선으로 연결하세요.

기부는 꼭 **부자**여야
할 수 있는 것이 아니다.   •

부자가 똑같이 생겼네.   •

3 다음 대화를 읽고 '사과'의 뜻이 다르게 쓰인 것을 찾아 ○ 하세요.

4 밑줄 친 '동시'의 뜻이 '같은 때나 시기'이면 낱말에 ○를, '어린이를 위한 시'이면 낱말에 □를 하세요.

국어 시간에 <u>동시</u>를 썼다. 무엇에 대해 쓸지 한참을 고민하다가 연필을 들었는데, 첫 글자를 쓰는 <u>동시</u>에 선생님께서 "10분 남았어요."라고 하셨다. 나는 열심히 집중해서 썼고, 그 덕분에 <u>동시</u>를 제시간에 완성할 수 있었다.

5 아이들이 숲속에서 길을 잃었어요. 귀신들이 내는 퀴즈를 풀어 미로를 빠져나가 보세요.

4주 3일
학습 끝!
붙임 딱지 붙여요.

헷갈리는 말 살피기

부딪치다

급하게 뛰어가다가 친구와 **부딪쳤다.**
어렵다고 피할 게 아니라 일단 **부딪쳐** 보자.

부딪치다는 '부딪다'를 강조해서 이르는 말이에요. '부딪다'는 세게 마주 대거나 닿는다는 뜻이지요. 부딪치다는 물건과 물건이 서로 세게 맞닿거나 마주 대할 때, 눈길이나 시선이 마주칠 때, 뜻하지 않은 사람이나 일, 상황을 만났을 때 써요. '파도가 바위에 부딪쳐 소리를 냈다', '두 선수의 다리가 부딪쳐 큰 부상을 입었다.', '짝꿍과 시선이 부딪쳤다.'와 같이 쓸 수 있어요. '부딪치다'를 강조하는 말은 '부닥치다'예요. '부닥치다'는 아주 세게 맞닿는 경우에 쓰거나, 생각하지 못한 사건이나 문제를 만났을 때에 써요. '전봇대에 부닥쳐 넘어졌다.'라고 쓸 수 있지요.

부딪히다

나는 친구의 어깨에 **부딪혔다.**
엄마의 반대에 **부딪혀** 댄스를 그만 뒀다.

부딪히다는 내가 스스로 부딪는 것이 아니고 다른 것에 의해 부딪게 되는 거예요. '복도에서 갑자기 달려 나온 친구에게 부딪혔다.', '공원에서 달리는 자전거에 부딪혀 다리를 다쳤다.'와 같이 다른 것에 의해 맞닿았거나 맞대게 될 때 쓰지요. '부딪치다'처럼 어려운 문제나 현실을 만났을 때에 쓰기도 해요.

1 그림을 보고 '부딪치다'와 '부딪히다' 중 어울리는 낱말에 ○ 하세요.

여자아이가 갑자기 달려온 자전거에 (**부딪쳤어요** / **부딪혔어요**).

2 다음 밑줄 친 낱말 중에서 잘못 쓰인 것을 찾아 ○ 하세요.

반드시

이번 일은 **반드시** 해내겠어!
올해는 **반드시** 해외여행을 갈 거야.

반드시는 틀림없이 꼭이라는 뜻이에요. 그래서 꼭 해야 하는 일을 말할 때 쓰지요.
'이번 마라톤 대회에서는 반드시 완주할 거야.', '네 생일 때 반드시 갈게.'처럼요.
반드시와 같은 의미의 낱말에는 '기필코'가 있어요. 어떠한 경우에도 반드시 해야
한다고 강조할 때에는 '절대로'를 쓰고요. 이때는 '절대로 약속을 어기면 안 돼.'처
럼 말해요.

반듯이

공부할 때는 **반듯이** 앉아야 한다.
모자를 **반듯이** 쓰거라.

반듯이는 '반듯하다'라는 말에서 나왔어요. '반듯하다'는 기울거나 굽지 않고 바른
것을 뜻하지요. 반듯이는 '등을 반듯이 세우고 앉아라.', '책을 책꽂이에 반듯이 꽂
아라.'와 같이 눈에 보이는 것을 가리킬 때 써요. 또한 '그 친구는 반듯한 성품을
가지고 있어.'처럼 사람 됨됨이가 곧고 훌륭하다는 뜻도 있어요. 반드시와 반듯이
중에 무엇을 써야 맞는지 헷갈릴 때에는 '반듯하게'를 넣어서 뜻이 통하는지 살펴
보세요. 만일 어색하지 않다면 '반듯이'를 써야 해요.

1 빈칸에 들어갈 낱말을 찾아 선으로 이어 주세요.

이번 경기에서는 ☐ 이길 거야. •

수업 시간에는 ☐ 앉아야 해. •

• 반듯이

• 반드시

2 그림을 보고, ( ) 안에서 알맞은 낱말을 골라 ○ 하세요.

① 이번에는 (반드시 / 반듯이)
빨리 달릴 거야.

② 고개를 (반드시 / 반듯이) 들고
앞을 보거라.

3 밑줄 친 낱말의 뜻을 바르게 말한 친구는 누구일까요? ( )

오성과 한음은 둘 다 **반듯해.**

새롬
몸이 꼿꼿하다는 뜻이야.

준우
성품이 바르고
훌륭하다는 뜻이야.

너비

강 **너비**를 재어 다리를 놓았다.
옷감의 **너비**를 재어 보았다.

너비는 평면이나 넓은 물체를 가로로 건너질러서 잰 길이를 말해요. 우리가 흔히 사용하는 '폭'과 같은 뜻의 낱말이지요. 너비는 길이를 나타내기 때문에 자로 잴 수가 있어요. 단위는 미터나 킬로미터를 사용해요. '비가 많이 내려서 강 너비가 늘었어.', '도로의 너비를 재니 50미터였다.', '철로의 너비가 들쭉날쭉하면 기차가 갈 수 없어.'처럼 쓸 수 있어요. 참고로, 가죽이나 종이 따위의 너비는 '나비'라고 구별해 부르기도 해요.

넓이

마당의 **넓이**는 100제곱미터였다.
내 방은 **넓이**가 좁아서 불편해.

넓이는 일정한 평면의 넓은 정도를 나타내는 낱말이에요. '면적'과 비슷한말이지요. 넓이는 제곱미터처럼 면적을 나타내는 단위를 써요. '이 땅은 사각형이니까 가로의 길이와 세로의 길이를 곱하면 넓이를 알 수 있어.', '이 집은 마당 넓이가 정말 넓구나.'처럼 쓰지요. 그리고 넓이는 '생각의 넓이'처럼 종종 보이지 않는 것의 크기를 말할 때도 써요.

1 대화를 읽고, ( ) 안에서 알맞은 낱말을 골라 ○ 하세요.

4주 4일
학습 끝!

붙임 딱지 붙여요.

2 선생님의 말을 읽고, 빈칸에 들어갈 낱말을 보기에서 찾아 써 보세요.

보기   너비   넓이

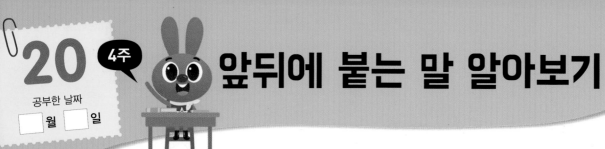

앞뒤에 붙는 말 알아보기

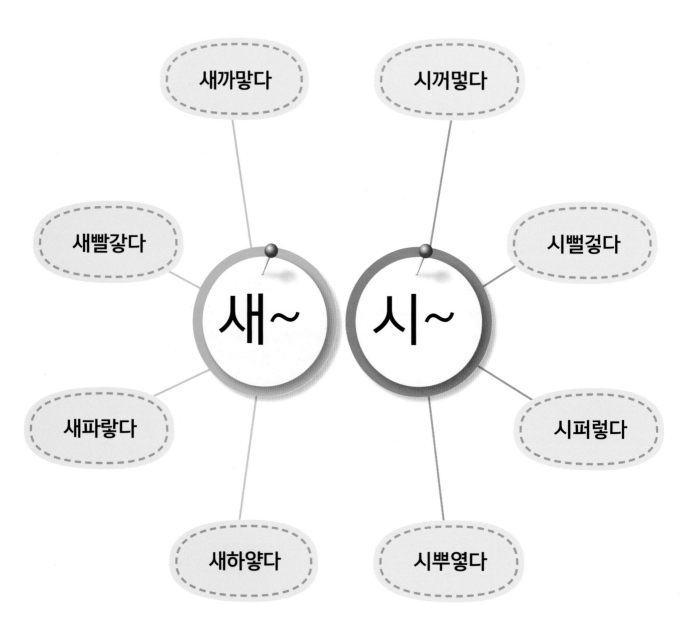

새까맣다

시꺼멓다

새빨갛다

시뻘겋다

새~

시~

새파랗다

시퍼렇다

새하얗다

시뿌옇다

1 친구가 쓴 그림일기예요. 빈칸에 알맞은 낱말을 보기 에서 찾아 써 보세요.

| 20**년 3월 29일 | 날씨 : 따뜻한 봄 날씨 |

미세 먼지로 ☐ 뿌옇던 날씨가 오랜만에 화창하게 개었다. 그래서인지

오늘 밤하늘은 유난히 ☐ 까맣게 보였다. 우리 가족은 마당에 자리를

깔고 누워 밤하늘을 보면서 소원을 빌었다. 무슨 소원을 빌었냐는 아빠의

질문에 나는 갑자기 얼굴이 ☐ 빨개졌다. 현서가 날 좋아하게 해달라고

빌었기 때문이다. 밖에 너무 오래 있었더니 춥기도 하고 입술도

☐ 퍼래졌다. 그래도 오늘 본 밤하늘은 너무 아름다웠다.

보기   시   새

새까맣다
새+까맣다

'새~'는 색깔을 나타내는 낱말 앞에 붙어서 매우 짙고 선명하다는 뜻을 더해요. **새까맣다**는 아주 까맣다는 뜻으로 '밤하늘이 새까맣다.'처럼 쓰지요. '새까맣게 잊어버렸어.'와 같이 쓸 때는 아는 것을 전혀 생각해 내지 못했다는 뜻이에요.

새빨갛다
새+빨갛다

우리는 짙은 빨간색의 장미를 보면 '와! 새빨갛다.'라고 해요. 이렇게 매우 빨간 장미를 표현할 때처럼 **새빨갛다**는 빨간색을 강조할 때 써요.

새파랗다
새+파랗다

유난히 파란 하늘을 '새파란 하늘'이라고 표현해요. 이렇듯 **새파랗다**는 매우 파랄 때 쓰는 말이에요. '너무 추워서 입술이 새파래졌어.'라고 할 때는 무섭거나 추워서 얼굴이나 입술에 핏기가 없는 것을 가리켜요.

새하얗다
새+하얗다

새하얗다는 매우 희고 밝다는 의미예요. '눈이 내려 세상이 새하얗게 변했다.'처럼 써요. 때로는 하얀색의 느낌 때문에 순수하다는 뜻으로 쓰이기도 해요.

시꺼멓다
시+꺼멓다

물체가 어둡고 검을 때 쓰는 '거멓다'를 더 세게 표현한 말이 '꺼멓다'예요. 여기에 '시~'를 붙인 **시꺼멓다**는 매우 꺼멓다는 뜻이지요. '시~'도 '새~'처럼 그 색을 더 짙고 선명하게 표현하거나 강조할 때 붙여요.

시뻘겋다
시+뻘겋다

'뻘겋다'는 어둡고 짙은 붉은색인데, 이보다 더 붉은색을 강조할 때는 **시뻘겋다**라고 해요. '얼굴이 시뻘겋다.'라고 하면 얼굴색이 매우 붉어진 느낌으로 부끄럽거나 화가 많이 났을 때에 어울려요.

시퍼렇다
시+퍼렇다

시퍼렇다는 새파랗다와 같이 아주 파랗다는 의미예요. 그러나 새파랗다에 비해 좀 더 어둡고 무거운 느낌의 말이지요. '시퍼런 얼굴'이나 '시퍼래진 입술'처럼 써요.

시뿌옇다
시+뿌옇다

황사와 미세 먼지로 뿌옇게 변한 하늘을 본 적이 있나요? 그런 하늘을 나타낼 때에는 아주 뿌옇다란 뜻의 **시뿌옇다**를 써요. 시뿌옇다와 비슷하게 쓰는 말에는 '희뿌옇다'가 있어요. '희뿌옇다'는 희끄무레하게 뿌옇다는 뜻이에요.

색깔을 강조하는 말

색깔을 나타내는 말 앞에 '새~'와 '시~'를 붙이는 것은 색을 강조하거나 더 센 느낌으로 표현하기 위해서예요. '새~'는 낱말의 모음이 'ㅏ, ㅗ'처럼 밝고 산뜻한 소리일 때 붙이고, '시~'는 낱말의 모음이 'ㅓ, ㅜ'처럼 어둡고 무거운 소리일 때 붙이지요. 그런데 색깔을 나타내는 말 중에는 색깔 외에 다른 의미로 더 자주 쓰이는 낱말도 있어요. 어떤 낱말에 어떤 뜻이 더 있는지 알아볼까요?

본래 어휘	강조 어휘	뜻
까맣다	새까맣다	매우 까맣다. 예 오징어 먹물이 묻어 얼굴이 새까매졌어. 거리나 시간이 아득하게 멀다. 예 서울에서 부산까지는 새까맣게 멀어. 기억이 나지 않거나 알고 있는 게 전혀 없다. 예 너무 오래된 약속이라 새까맣게 잊고 있었어. 헤아릴 수 없이 매우 많다. 예 공연장에 관중들이 새까맣게 몰려들었다.
퍼렇다	시퍼렇다	매우 퍼렇다. 예 강물이 시퍼렇게 변했다. 얼굴이나 입술이 푸르스름하다. 예 겁에 질려 입술이 시퍼렇게 되었다. 칼날 등이 매우 날카롭다. 예 시퍼런 칼날이 섬뜩하다.
빨갛다	새빨갛다	매우 빨갛다. 예 가을 햇살에 사과가 새빨갛게 익었다. 터무니없다. 예 너의 새빨간 거짓말에 속았다.

'새~'와 '시~'는 '샛'과 '싯'으로 붙을 때도 있어요. '노랗다'를 강조한 '샛노랗다'나 '말갛다'를 강조한 '샛말갛다'처럼 말예요. 마찬가지로 '누렇다'와 '멀겋다'에는 '싯'을 붙여요.

1 색을 나타내는 낱말에 어울리는 사진을 선으로 연결해 보세요.

새하얗다	시꺼멓다	새빨갛다	시퍼렇다

2 다음 문장의 빈칸에 들어갈 낱말을 보기 에서 찾아 쓰세요.

철수는 너무 빨리 달려서 얼굴이 ☐ 뻘게졌어요.

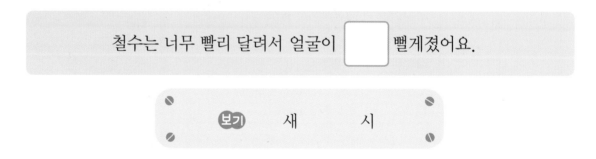

보기   새   시

3 속뜻 짐작 문장에 어울리는 낱말을 선으로 연결해 보세요.

잠든 아가의 얼굴빛이 ☐.   •   •   시뿌옇다

안개로 길이 ☐.   •   •   새뽀얗다

우리말에는 색깔을 나타내는 낱말이 세계 어느 민족의 말보다 다양해요.
노란색을 예로 들어 얼마나 다양한 표현이 있는지 알아볼까요?

샛노랗다

'샛노랗다'는 '매우 노랗다'라는 뜻이에요. 단풍이 든 은행잎이나 노란 국화꽃에 어울려요.

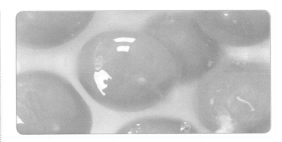

노르다

'노르다'는 달걀노른자의 빛깔처럼 선명하고 밝은 노란색을 표현할 때 써요.

노르스름하다

'노르스름하다'는 참외처럼 조금 노르다라는 의미예요. 잘 익은 곡식에도 써요.

노르께하다

'노르께하다'는 누룽지처럼 곱지도 않고, 짙지도 않은 노란색을 나타낼 때 써요. '노리끼리하다'와 같은 말이에요.

4주 5일
학습 끝!

붙임 딱지 붙여요.

노르퇴퇴하다

'노르퇴퇴하다'는 너저분해 보일 정도로 탁하게 노르스름한 거예요. 모래를 보면 노르퇴퇴한 느낌이 들지요?

넌 참 노르댕댕해.

노르댕댕? 새로 나온 어묵인가?

노르댕댕하다

'노르댕댕하다'는 고르지 않게 노르스름하다는 뜻이에요. 샛노랗거나 다른 색이 섞여 있지만 노란빛이 돌 때 써요.

끔찍한 형벌에서 온 '도무지'

다다다

잡아라!

헹! 내가 잡힐 것 같아?

나 잡아 봐라~!

……

저놈이 우릴 놀려?

메~롱.

잡았다, 요놈!

뻑!

꽉!

네 이놈! 네 죄를 네가 알렸다!

조선 시대에는 죄에 따라 아주 다양한 형벌을 내렸어요.

이놈에게 어떤 형벌을 내릴까요? 곤장 백 대를 때릴까요?

도무지: 도저히 어떻게 해 볼 도리가 없거나 아무리 해도 어렵다는 말이에요.

그중 도모지라는 형벌은 모든 죄인을 벌벌 떨게 했지요.

사람을 죽이고 도둑질까지 했으니, 도모지 형벌을 내리거라!

도모지?

오잉? 물에 젖은 한지로 어쩌려고요?

한지라서 우습게 보이지?

얼굴에 이 젖은 한지를 바르면 보이지도 않고 숨도 못 쉬게 되지. '바를 도(塗)'에 '모양 모(貌)' 자와 '종이 지(紙)' 자를 더한 말이야.

덜덜덜

그렇다면 '도무지' 란 말은……

단무지 동생이 아닐까?

역시 난 천재!

꽁-

아얏!

도무지는 도모지라는 형벌처럼 도저히 어떻게 해 볼 도리가 없거나 아무리 애를 써도 어렵다는 뜻이에요.

왜 때려? 도무지 꿀밤 맞은 이유를 모르겠네!

도무지 말이 안 되는 소리만 할래?

1주 13쪽 먼저 확인해 보기

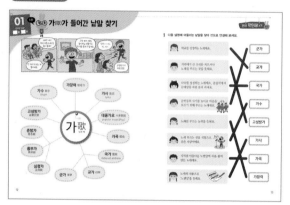

1. '상징'은 어떤 생각이나 사물을 구체적으로 나타내 보여 주는 기호나 물건 같은 것이에요. '교가'는 학교를 상징하는 노래로 교가를 부르면서 학교를 느끼게 해 주어요. '국가'는 나라를 상징하고 대표하는 노래이기 때문에 올림픽에서 금메달을 따면 그 선수가 소속된 나라의 국가를 경기장에 울려 퍼지게 해 준답니다.

1주 16쪽 속뜻 짐작 능력 테스트

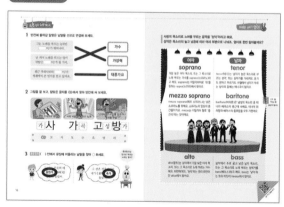

1. '가수'는 노래를 부르는 일이 직업인 사람, '가창력'은 노래(노래 가, 歌)를 잘 부르는(부를 창, 唱) 능력, '대중가요'는 많은 사람들이 즐겨 부르는 노래를 뜻해요.
2. 노래의 내용인 노랫말을 뜻하는 낱말은 '가사', 시에 곡을 붙여 만든 노래는 '가곡', 시끄럽게 큰 소리를 지르거나 노래하는 것은 '고성방가'라고 해요.
3. 정답은 ① 응원가, ② 축가예요. '노래 가(歌)' 자가 쓰인 낱말 중에는 운동 경기 등에서 자신의 편을 응원하기 위해 부르는 노래인 '응원가'와 축하하는 마음을 담아 부르는 노래인 '축가'가 있어요.

1주 19쪽 먼저 확인해 보기

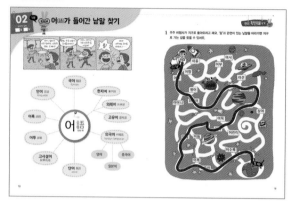

1. '말'과 관련이 있는 낱말은 '말씀 어(語)' 자가 들어간 낱말들이에요. 어투, 외국어, 고사성어, 단어, 언어, 어록, 고유어, 국어에 '말씀 어(語)' 자가 들어 있어요.

1주 22쪽 속뜻 짐작 능력 테스트

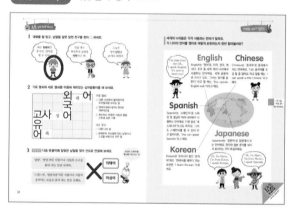

1. '외래어'는 다른 나라(바깥 외, 外)에서 들어왔지만(올래/내, 來) 우리말처럼 쓰는 말이에요. 중국어, 영어는 외래어가 아니라 다른 나라 말인 '외국어'예요.
2. 옛이야기에서 생겨난 말로, 한자로 이루어진 말을 '고사성어'라고 해요. 위인이나 유명한 사람의 말을 간추려 모은 기록은 '어록', 본래부터 우리말에 있던 낱말이나 그것을 바탕으로 새로 만든 말은 '고유어'라고 하지요.
3. '말씀 어(語)' 자가 쓰인 낱말 중에는 흉내 내는 말을 나타내는 의성어와 의태어가 있어요. 그중 '의태어'는 사람이나 사물의 움직임을 흉내 내는 말이며, '의성어'는 사람이나 사물의 소리를 흉내 내는 말이에요.

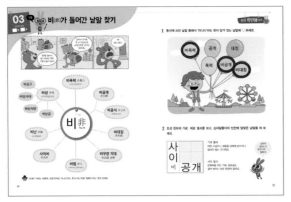

1. '아니다'라는 의미를 가진 낱말은 '아닐 비(非)' 자가 붙는 '비폭력', '비공개', '비대칭'이에요.

2. 어떤 내용이나 사실을 알리지 않는 것은 '비공개'이고, 진짜처럼 꾸민 가짜, 겉으로는 같아 보이나 속은 완전히 다른 것을 뜻하는 낱말은 '사이비'예요.

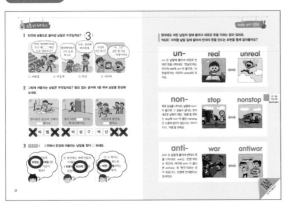

1. '비상'은 일반적이지 않은 것, 뜻밖의 긴급한 상황을 뜻하는 낱말로, '비상계단'은 급할 때 쓰는 계단, '비상식량'은 긴급할 때 먹기 위해 마련한 식량을 뜻해요.

2. 정답은 ① 정, 위, ② 장, ③ 장, 소예요. 이 글자들을 지우면 ① 비범, ② 비상구, ③ 비난이 남아요. 보통 수준보다 훨씬 뛰어난 것을 '비범'하다고 하고, 위험한 일이 생겼을 때 나갈 수 있는 출입구는 '비상구', 남의 잘못이나 나쁜 점을 헐뜯는 것은 '비난'이라고 해요.

3. 정답은 ① 비정상, ② 비과학, ③ 비판이에요. '아닐 비(非)' 자가 쓰인 낱말 중에는 정상이 아닌 것을 나타내는 '비정상', 과학적이지 않은 것을 뜻하는 '비과학', 잘못된 점을 지적하는 '비판'이 있어요.

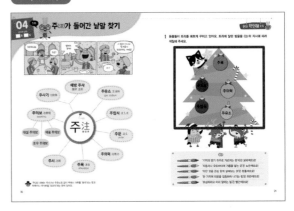

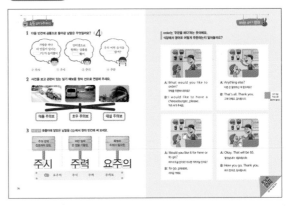

1. '주문'은 어떤 것을 만들어 달라거나 어떤 일을 해 달라고 하는 것이에요.

2. '태풍 주의보'는 태풍이 올 것을 미리 알리는 것, '호우 주의보'는 큰비(비 우, 雨)를 미리 알리는 것, '대설 주의보'는 많은(큰 대, 大) 눈(눈 설, 雪)이 올 것을 미리 알리는 것을 뜻해요.

3. 어떤 것을 주의 깊게 집중하여 살펴본다(볼 시, 視)는 의미의 '주시', 어떤 일에 온 힘(힘 력/역, 力)을 기울이는 '주력', 특별한 주의가 필요한(구할 요, 要) '요주의'는 '물 댈 주(注)' 자가 쓰인 낱말들이에요.

1주 37쪽 먼저 확인해 보기

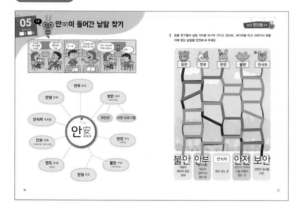

1주 40쪽 속뜻 짐작 능력 테스트

1. '위험이 생기거나 사고가 날 염려가 없음, 또는 그런 상태'를 뜻하는 낱말은 '안전'이에요.
2. '안정'은 일정한 상태를 유지하거나 별 탈 없이 편안한 상태가 줄곧 이어지는 것을 뜻해요.
3. 사회의 안녕과 질서를 지키는 일을 뜻하는 낱말은 '편안할 안(安)' 자가 쓰인 '치안'이 있어요.

2주 45쪽 먼저 확인해 보기

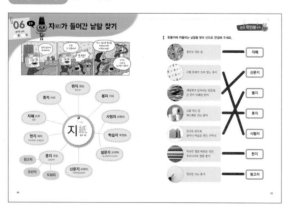

2주 48쪽 속뜻 짐작 능력 테스트

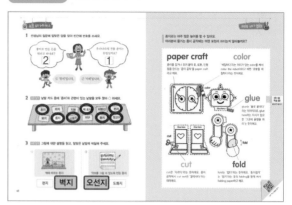

2. '휴지', '용지', '신문지', '책 표지', '봉지', '편지', '원고지'는 종이를 뜻하는 '종이 지(紙)' 자가 쓰인 낱말이에요.
3. '종이 지(紙)' 자가 쓰인 낱말에는 벽에 바르는 종이인 '벽지', 악보를 그릴 수 있도록 만든 용지인 '오선지'가 있어요.

2주 51쪽 먼저 확인해 보기

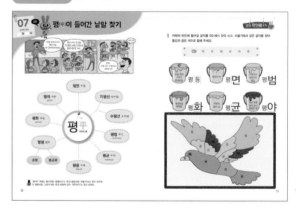

2주 54쪽 속뜻 짐작 능력 테스트

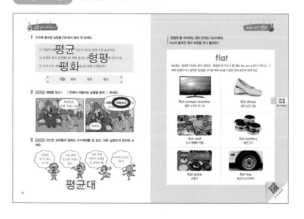

1. '평균'은 여럿의 중간 값이고, '형평'은 어느 한쪽으로 기울어지지 않고 균형이 맞는 것이에요. '평화'는 사람과 사람, 나라와 나라 등 어떤 사이에 싸움이 없이 평온하고 화목한 상태를 뜻해요.

2. '태평성대'는 어진 임금이 나라를 잘 다스려서 크게 평안한 태평(클 태 太, 평평할 평 平) 세상이나 시대를 뜻해요.

3. '평균대'는 기계 체조에 쓰는 기구로, 1미터가 넘는 높이에 평평한 나무 막대를 올려놓은 것이에요. 평균대 위에서는 균형을 잡으며 걷거나 뛰며 운동해요.

2주 57쪽 먼저 확인해 보기

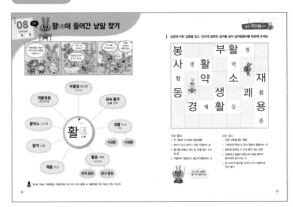

2주 60쪽 속뜻 짐작 능력 테스트

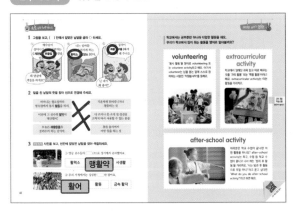

1. 정답은 ① 부활절, ② 활력소, ③ 쾌활이에요. '부활절'은 예수가 사흘 만에 다시(돌아갈/돌아올 복, 다시 부, 復) 살아난 것을 기념하는 날이고, '활력소'는 힘차게 움직일 수 있도록 힘이 되는 바탕, '쾌활'은 명랑하고 즐거움이 넘치며 활발한 것을 뜻해요.

3. 정답은 ① 맹활약, ② 활어예요. 눈부실 만큼 뛰어난 활약을 나타내는 '맹활약'과 살아 있는 물고기를 뜻하

는 '활어'는 모두 '살 활(活)' 자가 쓰인 낱말이에요.

2주 63쪽 먼저 확인해 보기

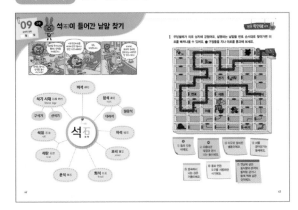

2주 66쪽 속뜻 짐작 능력 테스트

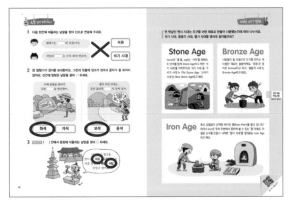

1. '석유'는 땅속에 묻혀 있는 기름이고, '석기 시대'는 돌로 도구를 만들어 쓰던 시대를 뜻해요.

2. '화석'은 옛날에 살았던 동식물이 땅속에 묻혀 돌처럼 굳은 것을 뜻하며, '보석'은 단단하고 값비싼 돌로 목걸이와 같이 장신구를 만드는 데 써요.

3. 정답은 '석공'과 '석탑'이에요. 돌을 다듬어 물건을 만드는 사람을 뜻하는 '석공'과 돌을 쌓아 올린 탑인 '석탑'은 '돌 석(石)' 자가 쓰인 낱말이에요.

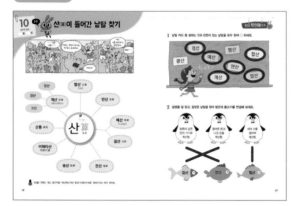

1. '산(算)' 자에는 '계산하다'라는 뜻 외에 '꾀하다', '산가지'라는 뜻이 있어요. '검산', '예산', '계산', '연산', '합산', '암산'은 모두 '계산하다'라는 뜻을 담고 있어요.

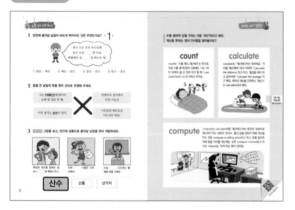

1. '합산'은 여러 수를 합하여 계산하는 것을 뜻하며, '예산'은 돈을 어떤 일에 얼마나 쓸지 미리 짜는 것을 뜻해요.
2. '이해타산'은 이로움(이로울 리/이, 利)과 해로움(해칠 해, 害)을 이모저모로 따지는 것이에요. 이해타산에 밝다는 건, 본인에게 이로운 것과 해로운 것을 잘 따진다는 뜻이에요.
3. '산수'는 계산하는 방법과 수의 성질 등을 가르치는 학과목이에요. 예전에 초등학교에서는 '수학'을 '산수'라고 불렀어요.

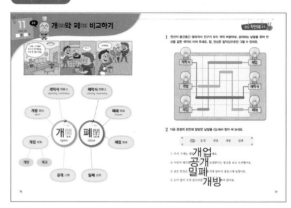

2. '개업'은 일(일 업, 業)이나 가게 등을 시작하는 것, '공개'는 어떤 사실이나 사물 등을 여러 사람에게 터놓고 알리거나 보이는 것, '밀폐'는 안과 밖이 통하지 않게 빈틈없이 꼭 막거나 닫는 것, '개방'은 어떤 곳을 자유롭게 드나들고 이용하게 하는 것을 가리켜요.

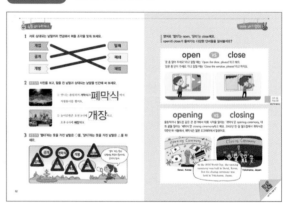

1. '개업'은 일이나 가게를 새로 열어 장사를 시작하는 것을 뜻하고, 반대로 '폐업'은 일을 그만두고 문을 닫는 것을 뜻해요. 또 '공개'는 어떤 사실이나 사물 등을 여러 사람에게 터놓고 알리거나 보이는 것이고, 반대로 '밀폐'는 꼭 막거나 닫는 것을 뜻해요. '개방'은 열어 놓는다는 뜻이고, 반대로 '폐쇄'는 드나들지 못하게 닫거나 막는 것을 뜻해요.
2. (내용 없음)
3. '열 개(開)' 자와 '닫을 폐(閉)' 자는 서로 상대되는 의미를 가진 한자예요. 두 한자가 들어간 낱말 중에 '개(開)'가 들어간 '공개', '개막식', '개봉'은 ○로, '폐(閉)'가 들어간 '밀폐', '폐쇄', '폐점', '은폐', '폐회식'은 △를 해야 해요.

3주 85쪽 먼저 확인해 보기

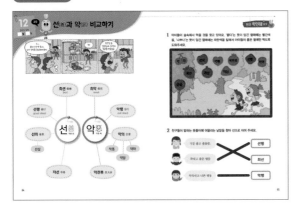

3주 88쪽 속뜻 짐작 능력 테스트

1. '최악'은 가장 나쁜 상태라는 뜻, '악천후'는 아주 나쁜 날씨, '선행'은 착하고 어진 행동을 뜻해요.
2. 정답은 ○는 '선심', '자선', '선의'이고, △는 '혐오', '악의', '증오'예요. '혐오'는 싫어하고 미워하는 것이고, '증오'는 사무치게 미워하는 마음이에요. 혐오와 증오에서는 '악할 악(惡)' 자가 또 다른 뜻과 소리인 '미워할 오'로 쓰였어요.
3. 정답은 ① 친선, ② 개선이에요. '착할 선(善)' 자는 '착하다', '좋다'는 의미를 담고 있어 서로 사이가 좋은 관계를 유지하기 위한 경기를 뜻하는 '친선 경기', 부족하거나 잘못된 것을 고쳐 좋게 만든다는 뜻의 '개선'에 쓰여요.

3주 91쪽 먼저 확인해 보기

1. '적신호'는 상황이 좋지 않다는 것을 나타내는 빨간색 경고 신호를 뜻하고, '청자'는 푸른빛이 도는 자기를 뜻해요. '백마'는 털빛이 흰 말이에요.

3주 94쪽 속뜻 짐작 능력 테스트

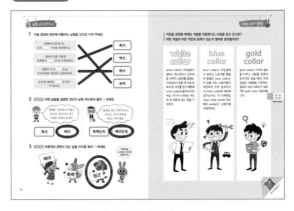

2. 정답은 '백야'와 '백의민족'이에요.
3. '청군'은 운동 경기 등에서 색깔로 편을 나눌 때 푸른(푸를 청, 靑) 쪽 편을 뜻해요.

3주 97쪽 먼저 확인해 보기

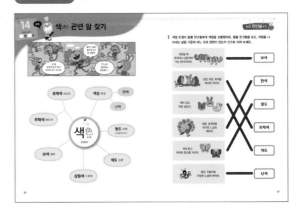

3주 100쪽 속뜻 짐작 능력 테스트

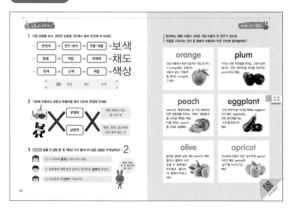

1. '보색'은 반대색이란 뜻으로 연두와 보라, 주황과 파랑이 보색이에요. '채도'는 색의 맑고 탁한 정도를 뜻하고, '색상'은 어떤 것이 띠는 빛깔을 뜻해요. '한색'은 차가운 느낌, '난색'은 따뜻한 느낌의 색상을 가리켜요.
3. '음색'은 목소리의 색깔, '안색'은 얼굴의 색을 뜻하는 낱말로 '빛 색(色)' 자가 쓰여요. 하지만 ②번 '검색'은 살펴 조사하다는 의미로 '찾을 색(索)' 자가 쓰여요.

3주 103쪽 먼저 확인해 보기

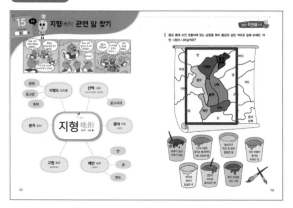

1. 산이나 높은 땅으로 둘러싸인 그릇 모양의 땅은 '분지'이고, 높낮이가 작고 탁 트인 평평한 땅은 '평야', 여러 산들이 줄지어 이어진 것은 '산맥'이에요. 바다가 육지와 맞닿은 곳은 '해안', 삼면이 바다로 둘러싸인 땅은 '반도', 땅의 모양을 그린 그림은 '지형도'예요.

3주 106쪽 속뜻 짐작 능력 테스트

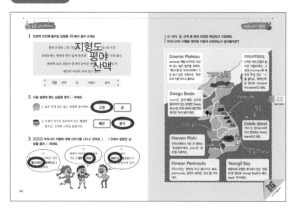

1. '지형도'는 땅의 모양을 그린 그림, '평야'는 높낮이가 작은 평평한 땅, '산맥'은 산들이 줄을 지어 계속 이어져 있는 것을 뜻해요.
3. 정답은 ① 동고서저, ② 반도, ③ 해안선이에요. '해안선'은 바다와 육지가 맞닿은 선을 뜻해요.

4주 113쪽 먼저 확인해 보기

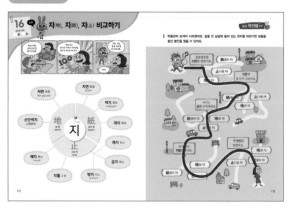

4주 116쪽 속뜻 짐작 능력 테스트

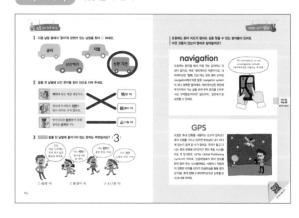

1. '금지', '지혈'은 '그칠 지(止)' 자가 쓰이고, '산간벽지'는 '땅 지(地)' 자가 쓰여요. '신문 지면'은 신문에 기사가 실리는 인쇄된 면으로, 종이를 나타내는 '종이 지(紙)' 자가 쓰여요.
2. 종이를 나타내는 한자는 '종이 지(紙)' 자로 '벽지'는 벽이나 천장에 바르는 종이를 뜻해요. '지면'은 땅바닥을 뜻하는 낱말로 '땅 지(地)' 자가 쓰이고, 어떤 일이 일어나기 전에 막는 '방지'와 어떤 일을 못하게 막는 '금지'는 '그칠 지(止)' 자가 쓰여요.
3. '색지'와 '한지'는 '종이 지(紙)' 자가, '지구'는 '땅 지(地)' 자가 쓰여요.

4주 119쪽 먼저 확인해 보기

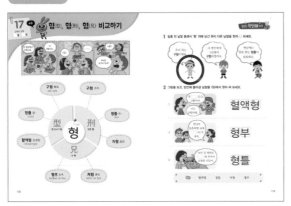

4주 122쪽 속뜻 짐작 능력 테스트

1. '구형(舊型)'은 나온 지 오래되어(옛 구, 舊) 모양(틀/본보기 형, 型)이 시대에 뒤떨어진 물건을 뜻해요. 반면 '구형(求刑)'은 죄를 지은 사람에게 징역형, 벌금형 등 어떤 형벌을 내려달라는 요청을 뜻해요.
3. '형틀'은 옛날에 죄인을 신문할 때 쓰던 기구이며, '형무소'는 재판 중에 있는 사람을 수용하는 교도소를 뜻

해요. 모두 '형벌 형(刑)' 자가 쓰인 낱말이에요.

4주 128쪽 속뜻 짐작 능력 테스트

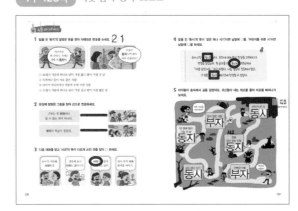

1. ③번 나이가 비슷하거나 가깝게 오래 사귄 사람은 '친구'이고, ④번 24절기 중에 낮이 가장 길고 밤이 가장 짧은 날은 6월 21일경인 '하지'예요.
2. '부자'라고 소리 나는 낱말에는 재산이 많은 사람인 '부자'와, 아버지와 아들을 뜻하는 '부자'가 있어요.
3. '사과'는 소리는 같으나 사과나무의 열매를 뜻하는 '사과'와 지난 잘못이나 실수에 대해 용서를 빈다는 의미의 '사과'가 있어요.
4. '동시'는 '한가지 동(同)' 자에 '때 시(時)' 자를 쓰는 같은 때와 같은 시기를 뜻하는 낱말과 '아이 동(童)' 자와 '글 시(詩)' 자를 쓰는, 아이가 지은 시나 아이를 위하여 어른이 쓴 시를 뜻하는 '동시'가 있어요.

4주 131쪽 속뜻 짐작 능력 테스트

1. 정답은 '부딪혔어요'예요. '부딪혔다'는 '부딪히다'의 과거형으로, 다른 것에 의해 부딪게 되는 거예요.
2. 다른 것에 의해 부딪는 것은 '부딪히다'라고 해요. 식탁 모서리에 스스로 부딪거나 뛰다가 스스로 돌에 부

151

딪는 것은 '부딪치다'를, 선생님이 낸 어려운 문제에 마주하는 것은 '부딪히다', '부딪치다'를 모두 써요.

4주 133쪽 속뜻 짐작 능력 테스트

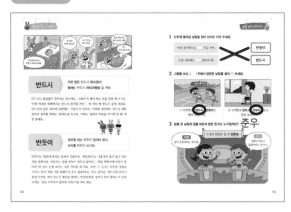

1. '반듯이'는 기울거나 굽지 않고 바른 것을 뜻하고, '반드시'는 틀림없이 꼭이라는 뜻이에요.
2. 정답은 ① 반드시, ② 반듯이예요.
3. '반듯하다'는 굽지 않고 바른 성품을 뜻하기도 해요.

4주 135쪽 속뜻 짐작 능력 테스트

1. 정답은 ②번 그림에서는 '너비', ③번 그림에서는 '너비', ④번 그림에서는 '넓이'예요. '너비'는 평면이나 넓은 물체가 길게 이어진 것을 가로로 건너질러서 잰 길이를 뜻하고, '넓이'는 일정한 평면의 넓은 정도를 나타내요.

4주 137쪽 먼저 확인해 보기

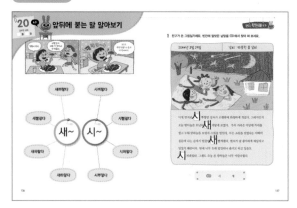

1. '새~'는 색깔을 나타내는 낱말 앞에 붙어 매우 짙고 선명하다는 뜻을 더해요. '새까맣다', '새빨갛다'와 같이 쓸 수 있어요. '시~'도 낱말 앞에 붙어서 매우 짙고 선명하다는 뜻을 더해요. 아주 뿌옇다란 뜻으로 '시뿌옇다', 아주 파랗다는 의미로 '시퍼렇다'라고 하지요.

4주 140쪽 속뜻 짐작 능력 테스트

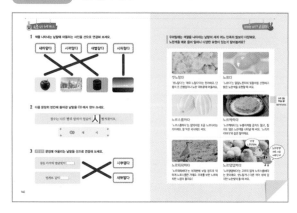

2. '새'는 낱말의 모음이 'ㅏ, ㅗ'처럼 밝고 산뜻한 소리일 때, '시'는 낱말의 모음이 'ㅓ, ㅜ'처럼 어둡고 무거울 때 붙여요.
3. '시뿌옇다'는 매우 뿌옇다는 뜻, '새뽀얗다'는 빛깔이 밝고 뽀얗다는 뜻이에요.